Gina Teague e Alan Beechey

CULTURE SMART!
ESTADOS UNIDOS

Tradução
Celso R. Paschoa

1ª edição

Rio de Janeiro-RJ / Campinas-SP, 2013

Editora: Raïssa Castro
Coordenadora Editorial: Ana Paula Gomes
Copidesque: Maria Lúcia A. Maier
Revisão: Entrelinhas Editorial
Projeto Gráfico: Bobby Birchall
Diagramação: André S. Tavares da Silva

Título original: *Culture Smart! USA*

ISBN: 978-85-7686-258-1

Copyright © Kuperard, 2003, 2013
Todos os direitos reservados.

Culture Smart!® é marca registrada de Bravo Ltd.

Tradução © Verus Editora, 2013
Direitos reservados em língua portuguesa, no Brasil, por Verus Editora. Nenhuma parte desta obra pode ser reproduzida ou transmitida por qualquer forma e/ou quaisquer meios (eletrônico ou mecânico, incluindo fotocópia e gravação) ou arquivada em qualquer sistema ou banco de dados sem permissão escrita da editora.

Verus Editora Ltda.
Rua Benedicto Aristides Ribeiro, 55, Jd. Santa Genebra II, Campinas/SP, 13084-753
Fone/Fax: (19) 3249-0001 | www.veruseditora.com.br

Imagem da capa: © iStockphoto
Imagens das seguintes páginas reproduzidas sob a licença Atribuição-Compartilhalgual 3.0 Não Adaptada do Creative Commons:
14 © Venske; 24 © [nome não fornecido]; 28 © Raul654; 37 © Tropenmuseum of the Royal Tropical Institute (KIT); 39 © Mr Snrub at en.wikipedia; 75 © Marlith; 78 (alto) © John Phelan; 82 (alto) © LoneStarMike; 97 © Katsuki; 99 © Googie Man on en.wikipedia; 114 e 127 © Ad Meskens; 121 © Downtowngal; 125 © Lasse Fuss; 126 © Chasesmith; 135 © Arnoldius
Imagens das seguintes páginas reproduzidas sob a licença Atribuição-Compartilhalgual 2.5 Genérica do Creative Commons: 20 © Rich Niewiroski Jr.; 82 (embaixo) © Sean O'Flaherty
Imagens das seguintes páginas reproduzidas sob a licença Atribuição-Compartilhalgual 2.0 Genérica do Creative Commons: 22 © Tom Quine; 69 © Evan Swigart from Chicago, USA

CIP-BRASIL. CATALOGAÇÃO NA FONTE
SINDICATO NACIONAL DOS EDITORES DE LIVROS, RJ

T246c

Teague, Gina
Culture Smart! Estados Unidos / Gina Teague, Alan Beechey ; tradução Celso R. Paschoa. - 1. ed. - Campinas, SP : Verus, 2013.
il. ; 18 cm   (Culture Smart! ; 3)

Tradução de: Culture Smart! USA
Inclui índice
ISBN 978-85-7686-258-1

1. Estados Unidos - Descrições e viagens - Guias. 2. Estados Unidos - Usos e costumes. I. Beechey, Alan. II. Título. III. Série.

13-04136

CDD: 914.73
CDU: 913(73)

Revisado conforme o novo acordo ortográfico

Impressão e acabamento: LIS Gráfica e Editora Ltda.

Sobre os autores

GINA TEAGUE é instrutora e escritora na área de gestão intercultural, realocação internacional e desenvolvimento de carreira global. Nascida no Reino Unido, já morou e trabalhou na França, na Espanha, no Brasil, nos EUA e na Austrália. Durante seus dezesseis anos em Nova York, fez graduação em psicologia organizacional e mestrado em psicologia de aconselhamento na Universidade de Columbia, desenvolveu uma bem-sucedida consultoria intercultural e tem escrito intensivamente sobre ajuste e gerenciamento de carreira de estrangeiros.

ALAN BEECHEY se formou em psicologia na Universidade de Oxford antes de embarcar numa carreira em comunicação empresarial, o que o fez mudar de sua cidade natal, Londres, para Nova York. Trabalhou em um dos maiores bancos do mundo, numa empresa líder em consultoria de RH e como consultor independente. Agora com a dupla cidadania, dos EUA e do Reino Unido, é também autor da popular série Oliver Swithin de romances policiais.

Os autores têm filhos nascidos em Nova York, o que lhes confere a experiência prática de educação e vida familiar próprias da América.

Agradecimentos

Os autores agradecem a todos os americanos que conheceram nos últimos trinta anos — seus parceiros, filhos, amigos e conhecidos — que lhes ensinaram algo sobre os Estados Unidos.

Sumário

Mapa dos Estados Unidos	7
Introdução	8
Dados importantes	10
Capítulo 1: NAÇÃO E POVO	12
• Clima	13
• Regiões	15
• Uma nação de imigrantes	24
• Governo	26
• Os EUA: breve história	32
Capítulo 2: VALORES E ATITUDES	46
• O ideal americano	46
• Igualdade de oportunidades	47
• Individualismo	48
• Autossuficiência	49
• *Vox populi*	50
• Igualitarismo	50
• Ética do trabalho	51
• Conservadorismo e moralidade	53
• Gestos de retribuição	54
• O espírito do "posso fazer"	55
• Tempo é dinheiro	57
• Diversidade	57
• Patriotismo	58
Capítulo 3: COSTUMES E TRADIÇÕES	60
• Separação entre Igreja e Estado	60
• Criados, casados e despachados	64
• Feriados: quais são e como são celebrados	66

Capítulo 4: FAZENDO AMIGOS 72
- Amizade, no estilo americano 73
- Conhecendo você 74

Capítulo 5: A CASA AMERICANA 80
- Os doces lares americanos 80
- A mescla familiar 84
- A criação nos EUA 86
- O ensino 88
- O cotidiano 92

Capítulo 6: ENTRETENIMENTO 94
- Férias 95
- Comprar até cansar 95
- Esportes: jogue bola! 97
- Comer fora 102
- Cultura 108

Capítulo 7: VIAGENS, SAÚDE E SEGURANÇA 118
- Chegada ao país 120
- Pegando a estrada 121
- Voos domésticos 125
- Ferrovias 126
- Viagens de ônibus 127
- Transporte público local 127
- Onde se hospedar 128
- Saúde 129
- Segurança pessoal e geral 130
- Prevendo catástrofes naturais 132

Sumário

Capítulo 8: RECOMENDAÇÕES NOS NEGÓCIOS — 134
- O ambiente de trabalho americano — 136
- O ponto crucial — 142
- Estilo de gerenciamento — 142
- Se você está parado, está regredindo — 144
- Trabalhando como uma unidade — 144
- Reuniões — 145
- Apresentações — 146
- Negociações — 147
- Mulheres nos negócios — 148
- Diversão nos negócios — 149

Capítulo 9: COMUNICAÇÃO — 150
- Tradições linguísticas — 150
- Estilo de comunicação — 152
- Linguagem corporal — 156
- Humor — 157
- A mídia — 158
- Mantendo contato — 160
- Conclusão — 163

Leitura recomendada — 165
Índice remissivo — 166

Mapa dos Estados Unidos

Introdução

Na aldeia contemporânea global, quem pode se dar ao luxo de não compreender os Estados Unidos, ainda a maior superpotência, a maior economia e, por muitos outros critérios, a mais importante nação do mundo? Muitas facetas da vida americana têm sido avidamente adotadas mundo afora. No entanto, a percepção da familiaridade "assim como nos filmes", que os visitantes de primeira viagem geralmente sentem, pode ser enganosa.

Atrás do sorriso reluzente da cultura popular há uma sociedade complexa e variada, recheada de contrastes e contradições. O consumo e a riqueza ostentosos coexistem com uma pobreza opressora, e vilarejos desgastados pelo tempo, com cidades vibrantes, inundadas de arranha-céus. Predomina uma cultura de empreendedores, de alta tecnologia, com feitos que abrangem a chegada do homem à Lua e que contam Marte como sua mais recente proeza científica. Trata-se, ainda, de um país profundamente compassivo e espiritual, com compenetrada devoção à Igreja e a obras beneficentes.

A diversidade e o tamanho incomuns dos EUA podem ser assustadores. Como as pessoas conseguem entender um país que encerra seis fusos horários diferentes?

Este livro busca fornecer um guia cultural para explicar a dimensão humana da América. Levamos você a uma viagem pelas influências essenciais e os ideais únicos que têm configurado a sociedade americana. Esses valores profundamente arraigados impelem o comportamento e as atitudes que você encontrará na Main Street e no ambiente de trabalho. Medimos o pulso da América de hoje. Longe de ser um trabalho concluído, os EUA encaram o desafio de apoiar seus princípios constitucionais internamente e a responsabilidade de ser a única superpotência mundial. Em uma abordagem mais leve, examinamos os americanos no trabalho, em casa e no lazer.

A América tem uma significativa abertura e generosidade de espírito diante dos recém-chegados. Os visitantes encontrarão pessoas aventureiras, dinâmicas e afáveis, que aceitarão você exatamente do seu jeito. São poucas as gafes culturais que podem lhe causar problemas nessa sociedade descontraída e informal. No entanto, não seja ludibriado por uma falsa sensação de segurança. Os americanos detêm uma convicção inabalável de que vivem na melhor nação do mundo, e, apesar de às vezes lançarem um rápido olhar para seus competidores retardatários, sua definitiva liderança é quase que divinamente garantida. Você conquistará a simpatia de seus anfitriões se estiver ciente desse orgulho enraizado e dos ideais mais caros a esse povo.

Finalmente, um aviso. Dada a dificuldade de retratar uma nação de 315 milhões de pessoas, aqui vão apenas algumas pinceladas gerais. Uma nação de imigrantes, espalhada por um continente que abarca um sexto do globo, esculpida de milhares de culturas, não se enquadra num modelo simples. É inevitável recorrer a generalizações. A regra prática é: esteja informado sobre as normas culturais, mas seja flexível na aplicação desse conhecimento. Em outras palavras: quando você viajar pelos Estados Unidos, certifique-se de que está carregando consigo uma mente bem aberta.

Dados importantes

Nome oficial	Estados Unidos da América	
Capital	Washington, D.C.	
Principais cidades por número de habitantes	Nova York, Los Angeles, Chicago, Houston, Filadélfia	
Área	Área total aproximada de 9.518.330 km², que inclui os 48 estados contíguos e o distrito da capital, além dos estados do Havaí e do Alasca	Ainda inclui diversos territórios e dependências, como a Samoa Americana, as ilhas Marianas do Norte, Palau, Guam, Porto Rico e as ilhas Virgens Americanas
Clima	Continental, com precipitações e temperaturas extremas	
Moeda	Dólar	
População	315 milhões	
Composição étnica	Brancos ou europeus, 72,4%; negros ou afro-americanos, 12,6%; asiáticos, 4,8%; americanos nativos, inuítes do Alasca, ilhéus do Pacífico, 1,1%; outros ou miscigenados, 9,1%. Com base nas categorias do Censo de 2010, 16% da população é de origem "hispânica" ou "latina", não se tratando de um agrupamento racial	
Idioma	Inglês	Os EUA não têm uma língua "oficial", e muitos serviços governamentais e comerciais também estão disponíveis em espanhol e chinês

Religião	Protestante (incluindo batista do sul, metodista, luterana, presbiteriana e episcopal), 51,3%; católica romana, 23,9%; mórmon, 1,9%; judaica, 1,7%; budista, 0,7%; muçulmana, 0,6%; hindu, 0,4%; outras ou nenhuma, 19,5%
Governo	Governo federal com cinquenta estados e o Distrito de Colúmbia. A sede do governo é Washington, D.C. O poder executivo é comandado pelo presidente. O órgão legislativo bicameral (Congresso) compreende o Senado e a Câmara dos Deputados
Mídia	As principais redes de televisão são ABC, CBS, Fox, NBC e CW. Há mais de dois mil canais a cabo, locais e via satélite / Há quinze mil estações de rádio AM e FM, 151 canais de rádio via satélite e mais de 1.300 jornais publicados diariamente
Eletricidade	110 volts (60 Hertz)
Vídeo/TV	Para o sistema digital (alta definição): ATSC. Para o sistema analógico: NTSC. O PAL funciona somente em TVs e vídeos multissistemas. Vários discos *blue-ray* são reproduzíveis em qualquer região e podem ser utilizados em aparelhos americanos conectados a uma televisão de alta definição (HD)
Domínio na internet	.us
Telefone	Código do país: 1 / Para fazer ligações internacionais: 011
Fusos horários	Há quatro fusos horários em todo o continente norte-americano. O Alasca e o Havaí cobrem mais dois. Região leste: GMT menos cinco horas. Central: GMT menos seis horas. Região das montanhas: GMT menos sete horas. Região do Pacífico: GMT menos oito horas. Alasca: GMT menos nove horas. Havaí: GMT menos dez horas

Capítulo **Um**

NAÇÃO E POVO

Os Estados Unidos da América são compostos de cinquenta estados. Os "48 mais ao sul", acrescidos do Distrito de Colúmbia — a área de 176 km² que circunda Washington, D.C., a capital nacional —, estendem-se entre duas costas radiantes, formando uma faixa central que cruza o continente da América do Norte, tendo o Canadá no extremo norte e o México ao sul.

As outras duas estrelas da bandeira nacional representam os estados do Alasca, ao noroeste do Canadá, e do Havaí, situado no Pacífico Central, a 4.023 km do oeste da Califórnia. Outros territórios e dependências são a Samoa Americana, as ilhas Marianas do Norte, Palau e Guam, no Pacífico, e Porto Rico e as ilhas Virgens Americanas, no mar do Caribe.

Com um território de 9.518.286 km², os Estados Unidos são o quarto maior país do mundo. A extensão entre as duas costas é de cerca de 4.345 km, e o país apresenta uma geografia extremamente diversa e uma vastidão imensa, abrangendo cadeias de montanhas e pradarias intermináveis, pântanos lamacentos, florestas tropicais alagadas, desertos tremeluzentes e lagos glaciais. Os cinco Grandes Lagos, que criam "mares internos" na fronteira entre os EUA e o Canadá, formam o maior volume de água doce do mundo. O sistema hidrográfico Missouri-Mississippi é o mais extenso da América do Norte, dando nome a dois estados. Imortalizado nos

escritos de Mark Twain pelos idos do século XIX, o Mississippi foi, numa época, a linha vital de comunicações do país, conectando os estados das planícies do norte com o sul.

CLIMA
A faixa de altitudes associada ao tamanho do território gera enormes variações quanto às temperaturas e à precipitação pluviométrica. Numa nação que é subártica em seus picos mais elevados e tropical em seus pontos mais meridionais, as temperaturas podem variar de abaixo de zero na região dos Grandes Lagos até agradáveis 26 °C na Flórida. Tudo no mesmo dia!

O clima continental da região central do país gera condições extremas se considerarmos todas as estações do ano. As temperaturas no estado de Dakota do Norte (Grandes Planícies) já atingiram um recorde de 49 °C no verão e de -51 °C no inverno. Sem cadeias montanhosas para protegê-las, as planícies do interior estão à mercê tanto da corrente quente originária do sul do Golfo como das rajadas do vento ártico proveniente do norte.

Eventualmente, esses sistemas climáticos incompatíveis colidem. Isso dá margem a fenômenos naturais que se mostram incrivelmente perigosos, sob a forma de nevascas, chuvas de granizo, tornados e tempestades de areia. Todos os anos provocando trágicas consequências, as planícies centrais entre as Rochosas e os Apalaches fazem jus ao apelido de Corredor dos Tornados.

Os estados montanhosos do Oeste desfrutam verões amenos, mas as montanhas mais altas ficam cobertas de neve durante os meses de inverno. As áreas baixas e desérticas do Arizona e do Novo México experimentam um ar seco e quente, embora os invernos possam ser surpreendentemente frios.

As regiões costeiras têm um clima mais temperado, não podendo estender sua moderada influência mais para o interior em virtude dos Apalaches, no leste, e das cordilheiras da costa do Pacífico, no oeste. A corrente do Golfo, corrente oceânica quente que flui do golfo do México para o nordeste através do Atlântico, acarreta condições quentes e úmidas para a Flórida e outros estados da costa do Golfo.

A costa do Pacífico apresenta temperaturas moderadas durante o ano inteiro, embora elas comecem a baixar à medida que nos deslocamos para o norte, na direção da região mais úmida da América. A cordilheira das Cascatas atua como um divisor climático, com o lado ocidental mais viçoso e com um índice pluviométrico vinte vezes maior do que o encontrado nas planícies poeirentas orientais.

REGIÕES

As principais ruas e avenidas da América podem estar adquirindo uma insipidez uniforme, mas ainda podemos encontrar culturas diversas e ricas em nível regional. As pessoas expressam suas identidades regionais de várias formas, como por meio da legenda do estado de origem gravada nas placas dos carros. A seguir, apresentamos as definições extraídas do próprio site do governo dos EUA — informações mais oficiais, impossível!

Nova Inglaterra

(Maine, New Hampshire, Vermont, Massachusetts, Connecticut e Rhode Island)

Ainda que seja uma região bem pequena, a Nova Inglaterra tem desempenhado um papel desproporcional no desenvolvimento cultural e político do país. As reuniões das cidades patrocinadas por congregações religiosas com vistas a, por exemplo, verbalizar opiniões e efetuar mudanças nas questões locais forneceram o modelo para um governo democrático popular nos EUA. Os princípios religiosos, o ativismo político e a capacidade da indústria que configuraram sua história se traduzem atualmente numa cultura caracterizada pelo envolvimento na comunidade e por uma forte ética do trabalho.

Muitos dos primeiros colonizadores europeus eram protestantes ingleses que buscavam liberdade religiosa. A região foi também um cadinho para a formação de

sentimentos anticolonialistas, contribuindo com o cenário propício para o nascimento do Tea Party de Boston e de várias batalhas que ensejaram a Guerra Revolucionária. O acúmulo de fortunas familiares em Boston e a indústria naval financiaram a Revolução Industrial do século XIX. A riqueza da região lhe proporcionou a oportunidade de ser o centro cultural e intelectual do país, que ainda engatinhava.

Hoje, a pesca da baleia e o setor manufatureiro da Nova Inglaterra cederam lugar a indústrias de alta tecnologia. No entanto, sua história ainda é evidente, tanto na pronúncia dos moradores de Boston como nas casas de estilo colonial ou nas igrejas de cúpulas brancas. A região é muito apreciada por turistas em virtude de sua costa escarpada e das praias arenosas de Cape Cod. As montanhas Verdes, de Vermont, abrigam alces e ursos negros.

O Meio-Atlântico

(Nova York, New Jersey, Pensilvânia, Delaware e Maryland)

Essa região tem sido o palco central de muitas atividades econômicas e históricas da nação. Abrigando a ilha Ellis, em Nova York, o ponto de entrada dos imigrantes, a região foi o caldeirão de raças original em que recém--chegados ambiciosos avidamente mergulharam. Ainda hoje, a densidade demográfica do Nordeste é oito vezes superior à do Oeste. O dinheiro da Nova Inglaterra pode ter financiado a Revolução Industrial, mas foi a mão de obra de New Jersey e da Pensilvânia que tocou as fábricas. Nova York não apenas substituiu Boston como a capital financeira, mas sua energia, ritmo e intensidade impulsionam e definem o capitalismo americano. A histórica Filadélfia — uma das oito cidades declaradas capital dos EUA antes que Washington fosse planejada — forneceu o pano de fundo para a Declaração da Independência (1776) e a elaboração da Constituição norte-americana.

Os fazendeiros e negociantes oriundos da região foram abençoados com fazendas ricas, canais de água vitais e florestas abundantes em animais selvagens, madeira e recursos naturais. Essa parte do cenário norte-americano foi invadida pelo homem e se tornou a mais usurpada de todas, mas ainda mantém uma série deslumbrante de paisagens pitorescas. A dentada linha costeira tem dunas de areia que se movem e resorts aconchegantes e muito procurados. As terras baixas da pradaria costeira do Atlântico incorporam tanto o corredor leste das grandes metrópoles como campos agrícolas suavemente ondulados.

Indo mais para o centro, as planícies se chocam contra as montanhas Catskill, de Nova York, e os montes Allegheny, da Pensilvânia. Essas cordilheiras subsidiárias pertencem à cadeia montanhosa dos Apalaches, que forma um espinhaço praticamente inquebrantável, rasgando paralelamente na direção da costa Leste desde o Maine, mais ao norte, até o Sul, na Georgia.

Os cursos de água não são menos impressionantes. Embora estejam cercadas por hotéis e prédios comerciais, a imensa força das cataratas do Niágara, uma das sete maravilhas naturais do planeta, ainda é de tirar o fôlego.

O Meio-Oeste
(Ohio, Michigan, Indiana, Wisconsin, Illinois, Minnesota, Iowa, trechos do Missouri, Dakota do Norte, Dakota do Sul, Nebraska, Kansas e a parte leste do Colorado)

Fonte agrícola de fazendas esparsas que cederam lugar a campos de trigo aplainados, o canto nordeste da vasta planície interna americana tem sido há tempos visto como o celeiro dos Estados Unidos. Os primeiros imigrantes europeus foram atraídos pelas paisagens e pelo rico solo, e começaram a arar as planícies interiores da América. Illinois, estado que abriga Chicago, a terceira maior cidade do país, atraiu poloneses, alemães e irlandeses. Os escandinavos preferiram se instalar em Minnesota, com suas familiares florestas de bétulas e pinheiros. Milwaukee é renomada por seus festivais de cerveja e pelas tabernas em estilo europeu.

À medida que os assentamentos do Oeste avançaram pela região do Mississippi, o Meio-Oeste se transformou de posto avançado em centro de comércio e transportes. Espalhando-se pelo país de Nova York até Chicago, uma região apelidada de Cinturão da Ferrugem abarcou muitas cidades conhecidas pela manufatura em larga escala, desde o processamento de matérias-primas até a produção de artigos pesados para a indústria e usuários finais. Detroit, em Michigan, conhecida como a Cidade do Automóvel (Motor City, ou Motown, para os fãs de R&B), é o famoso lar da indústria automobilística norte-americana, que — a exemplo das manufaturas norte-americanas tradicionais — não teve uma vida fácil nos últimos anos.

Essa região também é denominada Heartland, referência aos valores integrais e à natureza despretensiosa de seus habitantes, considerados representativos da nação de modo geral.

Mais para oeste, a área das Dakotas é rica em história tanto humana como paleontológica, apresentando leitos fósseis oligocênicos que remontam a 35 milhões de anos. No entanto, a paisagem desolada evoca imagens de um passado mais recente, quando os Black Hills e a região das Badlands formaram o pano de fundo para batalhas entre soldados americanos, colonos sedentos por terras e tribos indígenas. As lutas constantes contra condições climáticas extremas e fortíssimas tempestades de areia

forjaram um povo de natureza estoica e taciturna. Na extremidade ocidental, a região plana das Grandes Planícies se eleva majestosamente para formar as Rochosas.

O Oeste
(Colorado, Wyoming, Montana, Utah, Califórnia, Nevada, Idaho, Oregon, Washington)

As montanhas Rochosas dividem a porção oeste do continente em duas partes, estendendo-se de Montana, no Norte, até o Novo México, no Sul. Movendo-se para o Oeste, as bacias glaciais e as planícies do platô Intermontano incluem Salt Lake City, no Utah, o Grand Canyon, no Arizona, e o ameaçador deserto de Mojave, na Califórnia. Mais próxima da costa do Pacífico, a cordilheira da Sierra Nevada percorre toda a Califórnia. Continuando essa linha pelos estados de Oregon e Washington, do Pacífico Norte, os picos vulcânicos da cordilheira das Cascatas se estendem até a fronteira com o Canadá.

Nos estados do Oeste americano, as forças da natureza parecem ter conspirado para repelir visitantes. Nessas paragens, os picos montanhosos são mais altos, os desertos, mais mortais, e as corredeiras espumosas dos rios, mais rápidas do que em qualquer outra parte do país. Até a vida selvagem é desaconselhável para as pessoas mais fracas — há uma grande variedade de espécimes perigosos, como ursos-pardos, leões-da--montanha e cascavéis. Outras barreiras naturais foram erigidas mais ou menos recentemente. Em 1906, Point Reyes estava no epicentro do que se tornou famoso como o terremoto de San Francisco, com a infame Falha de Santo André formando uma península que se projeta dezesseis quilômetros para o Pacífico.

A Califórnia é igualmente conhecida pelas atrações de suas cidades — Los Angeles e San Francisco, por exemplo — e pela estupenda beleza natural. Amantes da diversão, os californianos se gabam de ter as melhores pistas de

esqui do mundo, vinhedos formidáveis e um número interminável de praias praticamente encostadas em seus quintais. O estado tem a mais importante e diversificada economia agrícola do país, e os dias ensolarados e a variedade de suas paisagens também arrastam o setor cinematográfico pelo continente até a costa Oeste.

Nos dias atuais, os turistas são atraídos para essa região pelo entorno, pela natureza descontraída e pela tolerância a estilos de vida alternativos.

O Sudoeste
(Oeste do Texas, trechos de Oklahoma, Novo México, Arizona, Nevada e a região interior sul da Califórnia)

As vistas desérticas do Sudoeste guardam uma profunda qualidade espiritual. Phoenix, a maior cidade do Arizona, foi assim chamada em 1867 por Darrell Duppa porque ele pensava que o oásis do deserto tinha brotado das cinzas de uma antiga civilização. Na realidade, o "oásis" fértil de Duppa se devia a um primitivo, porém eficaz, projeto de irrigação, instalado séculos antes da chegada dos europeus.

Há outros vestígios de antigas civilizações, como as ruínas do século IX da cultura chaco, cientificamente avançada, além das misteriosas moradias nos penhascos da tribo mogollon, datadas do século XIII. Os povoados mexicanos de Pueblo, erigidos com estruturas de adobe (barro) seco pelo sol, e as comunidades abandonadas de mineradores de prata e garimpeiros de ouro são lembranças adicionais da diversidade cultural da região.

Os navajos acreditam que empreenderam jornadas por vários outros mundos até esta vida, e sempre consideraram sagrada a terra do Sudoeste. Muitos descendentes das tribos locais agora vivem em reservas, que ocupam metade do território do estado. Essas áreas — a exemplo de muitas outras espalhadas pelos EUA — são chamadas "nações" e conferem certo grau de autonomia governamental e legal para a tribo. Os visitantes devem observar que as regras de conduta podem variar quando se visita um desses territórios tribais.

Uma fonte hídrica confiável tem transformado o outrora desolado e perigoso deserto numa opção atrativa para viajantes, imigrantes e aposentados transferidos para a região. De fato, o ar seco, o sol interminável e os campos de golfe de primeira linha têm colocado Phoenix, Albuquerque e Tucson entre as comunidades de mais rápido crescimento da nação.

Bilhões de anos de evolução, erosões severas provocadas pela força da água e dos ventos e anomalias geográficas se revelam de modo dramático em algumas das características naturais da região. A rocha que simula um arco-íris no deserto Pintado, os monólitos de areia vermelha do Monument Valley, o Grand Canyon

pontilhado de laranja e o cenário descorado do Monumento Nacional das Areias Brancas desmentem a ideia de que as vistas de desertos são, invariavelmente, em tons monótonos de marrom.

O Sul
(Virgínia, Virgínia Ocidental, Kentucky, Tennessee, Carolina do Norte, Carolina do Sul, Flórida, Georgia, Alabama, Mississippi, Texas central, Arkansas, Louisiana e trechos do Missouri e de Oklahoma)

Forjado por sua história, clima e localização, e expresso na música, na comida e na pronúncia arrastada, o Sul provavelmente possui a mais forte personalidade regional. Da Guerra Civil ao movimento dos direitos civis, das gigantescas aquisições territoriais ao fluxo constante de imigrantes, o Sul tem sido modelado por sua diversidade, seu passado turbulento e pelo desafio contínuo de integração social. Os conflitos — físicos e políticos — criaram um espírito muito independente. Enquanto o Texas é caracterizado por uma natureza despreocupada, o restante da região Sul é conhecido pela hospitalidade, charme e ritmo tranquilo.

A antiga linha Mason-Dixon, que demarcava o Norte do Sul no final do século XVIII, pode ter sido apagada dos mapas, mas ainda persiste uma forte divisão, como atesta a controversa batalha da Carolina do Sul para manter a bandeira dos estados confederados, apesar da derrota na Guerra Civil pela região Norte antiescravagista. O lema não oficial do estado da "estrela solitária" — "Não mexa com o Texas" — nos faz lembrar que esse estado foi outrora uma nação independente, e ainda se considera uma república!

Essa ampla região é um estudo sobre contrastes e superlativos. A afluência ostentosa de cidades como Charleston e Atlanta contrasta acentuadamente com as moradias precárias do Mississipi e dos parques de trailers da Virgínia Ocidental. A região inclui as terras altas das montanhas Ozark, no Missouri, a Blue Ridge, na Virgínia, e as Grandes Montanhas Fumegantes, no Tennessee, bem como o fértil cinturão do algodão da planície situada no interior. Um espalhamento de ilhas costeiras devastadas por terremotos pontua a costa oriental inferior. O delicado ecossistema dos Everglades, na Flórida, sustenta o furtivo crocodilo e o estranho peixe-boi (felizmente, "bastante destituído de vaidade", como o grande poeta americano Ogden Nash outrora famosamente rimou). Entre as imagens mais evocativas do Sul estão os brejos dos mangues e os ramos de barba--de-velho que pendem dos carvalhos centenários nos terrenos da pantanosa baía da Louisiana.

Alasca e Havaí
À diversidade geográfica da nação, acrescentemos as montanhas glaciais do Alasca, que apresentam o monte McKinley — o pico mais elevado da América.

Paraíso dos turistas, as ilhas havaianas abrigam formações vulcânicas, vegetação tropical e a ocasional praia de areia negra.

UMA NAÇÃO DE IMIGRANTES

> *E pluribus unum* ("De muitos, um")
> *Primeiro lema nacional da América*

Para os ingleses que buscavam liberdade religiosa, os judeus que fugiam de perseguições na Europa Oriental e os irlandeses que escapavam da fome, a América representou uma terra de refúgio e oportunidade. Desde 1886, a Estátua da Liberdade caracterizou o primeiro vislumbre dos EUA e um símbolo de esperança para os milhões de imigrantes que desembarcavam no porto de Nova York.

O museu na vizinha ilha Ellis, o local original do centro de processamento da imigração, registra as experiências, as dificuldades e os eventuais modelos de colonização dos primeiros recém-chegados na América. Hoje, praticamente metade de todos os americanos é descendente dos doze milhões de pessoas, na maioria europeus, que entraram nos EUA através dessa ilha entre os anos de maior imigração, de 1892 a 1954.

O mosaico étnico tem sido um processo interminável. De acordo com o Censo de 2010, a população norte-americana tem atualmente 1,1% de índios e inuítes nativos da América, 12,6% de "negros ou afro-americanos" e 4,8% de asiáticos. Aqueles que se identificam como "brancos ou de descendência europeia" correspondem a 72,4%. Cerca de 16% da população tem origem hispânica ou latina (os censos usam esses termos de forma intercambiável), que não são uma designação racial. Os hispano-americanos podem ser brancos, negros ou asiáticos, embora muitos tenham se identificado marcando a opção "outros" nas pesquisas do censo.

Embora haja uma distribuição uniforme de brancos por todo o país, as minorias normalmente se concentram geograficamente em determinadas áreas. Os afro--americanos vivem extensamente no Sul e nas cidades industriais do Meio-Oeste e do Nordeste. Não surpreendentemente, os hispano-americanos se concentram fortemente nos estados da fronteira sul (respondendo por cerca de 96% da população, por exemplo, de Laredo, Texas). A comunidade asiática, uma das que mais cresceram em termos demográficos, tem, na maior parte dos casos, se assentado mais perto de seus portos de entrada, na costa Oeste.

O atual coeficiente de natalidade é menor do que 1%, e o envelhecimento da população, associado a um fundo de previdência social que diminui a cada ano, é objeto de preocupação tanto para os políticos como para os empresários norte-americanos. Todavia, as levas de imigrantes continuam aumentando a população em cerca de um milhão de pessoas todos os anos. Os hispânicos são, de longe, os que mais crescem como grupo demográfico, se levarmos em consideração também os não hispânicos. Estima-se que o número de imigrantes ilegais supere a casa dos onze milhões, impondo uma variedade de desafios econômicos, políticos e sociais.

Os descendentes de famílias de "minorias" (isto é, não brancas) já superam os de brancos, e, a continuar o padrão atual, a população branca sofrerá redução e representará menos de 50% antes de 2045 (com a população norte-americana projetada de 408 milhões, em uma população mundial de nove bilhões de pessoas).

Quem visita as comunidades de imigrantes provavelmente vê indivíduos aptos a navegar entre dois mundos culturais. De dia, pessoas de diversas etnias operam harmoniosamente na sociedade americana tradicional e, ao entardecer, voltam para casa, retornando às suas próprias línguas, tradições e identidades culturais.

> **O cadinho de culturas**
> Uma menção antecipada ao conceito de *melting pot* aparece na peça teatral denominada justamente *The Melting Pot*, de Israel Zangwill, em 1908: "Alemães, franceses, irlandeses, ingleses, judeus e russos... todos no mesmo cadinho! Deus está fazendo a América!"

Nos dias de hoje, talvez uma metáfora mais apropriada para essa mistura seja uma "grande salada". Os americanos frequentemente se gabam da composição fragmentada de suas árvores genealógicas — geralmente a mistura europeia de Zangwill com um pouco de escandinavo —, mas os casamentos entre certas linhas étnicas ou raciais são recentes e raros.

Como um caleidoscópio, à medida que entram em cena imigrantes de uma gama cada vez mais ampla de países, o modelo da sociedade norte-americana muda. "Será que não podemos nos dar todos bem?", invocou em 1991 o já falecido Rodney King, após uma explosão de violência racial em Los Angeles. Talvez seja por causa dos princípios sobre os quais a América foi fundada, que ressaltavam a inclusão e a diversidade, que pessoas das mais variadas etnias e raças convivam bem na maior parte do tempo.

GOVERNO

O sistema de governo norte-americano foi instituído em 1789 e se baseia na primeira Constituição escrita do mundo (1787). A Constituição concebeu um sistema de conferências e supervisões a fim de proteger os americanos de um excessivo poder central. Ela separava o governo em três eixos — executivo, legislativo e judiciário — e dividia o poder igualmente entre o governo federal e os estados individuais.

Uma Carta de Direitos (que adicionou as primeiras dez emendas à Constituição, em 1791) protege as liberdades individuais do longo alcance do governo. Considerada um dos pilares da democracia americana, ela inclui o direito à livre expressão, o direito ao porte de armas e o direito de as pessoas não se incriminarem. É significativo que haja apenas dois itens na Constituição que já impuseram restrições aos cidadãos, em oposição ao governo: a décima terceira emenda, de 1865, que retirou o "direito" de possuir escravos (mas, logicamente, concedeu o direito de *não ser* um deles); e a décima oitava emenda, de 1919, autorizando a Lei Seca, que proibia bebidas alcoólicas. Essa é a única emenda que já foi rejeitada.

A distribuição permanentemente mutável de poderes entre os diferentes ramos do governo é fonte constante de controvérsias. Aplicar as palavras muitas vezes ambíguas da Constituição de duzentos anos atrás aos desafios da sociedade de hoje garante trabalho tanto para especialistas constitucionais como para juízes da Suprema Corte. Vale ressaltar, contudo, que poucos discutiriam o notável papel que o documento teve nas articulações dos valores e aspirações de sucessivas gerações de norte-americanos desde 1787.

O executivo

A linha executiva do governo consiste de um presidente e de seu vice (que são eleitos na mesma votação por quatro anos), e um gabinete composto dos chefes (ou secretários) dos quinze departamentos executivos. Não se elege o gabinete; seus membros, que não necessariamente são políticos, são apontados pelo presidente, mas necessitam da aprovação do Senado. O presidente atua como chefe de Estado e comandante em chefe das Forças Armadas e está limitado a um máximo de dois mandatos no cargo, não necessariamente consecutivos.

O legislativo

O Congresso, a via legislativa do governo, compreende duas casas: o Senado, com cem membros, e a Câmara dos Deputados, com 435 representantes. O número de congressistas de cada estado eleitos para a Câmara dos Deputados se baseia no contingente populacional. Seus membros servem mandatos de dois anos. No Senado, cada estado é representado por dois membros. Os senadores servem mandatos de seis anos, com um terço das cadeiras estando apto para eleição a cada dois anos.

O judiciário

Esse poder é dirigido por uma Suprema Corte de nove juízes, que são apontados pelo presidente de forma vitalícia. Na qualidade de mais alta corte da nação, arbitra na determinação final da constitucionalidade de atos executivos e legislativos e na manutenção do equilíbrio entre as instituições estaduais e federais.

Os estados

Com a passagem do tempo, o equilíbrio delicado do poder tem se deslocado dos estados, à medida que o papel do governo central sofre um processo contínuo de expansão. Todavia, os estados, individualmente, ainda mantêm uma autonomia significativa na parte administrativa e na elaboração de políticas. O visitante pode ficar desnorteado pela grande variação das leis estaduais, que abarcam praticamente tudo, desde a idade em que é permitido consumir bebidas alcoólicas até a aplicação de pena capital. A maioria dos estados copia a estrutura federal, mas cada um tem sua própria Constituição, um chefe do executivo (o governador), um Congresso estadual bicameral e um judiciário.

Partidos políticos

A estrutura eleitoral do "vencedor leva tudo" favorece o sistema bipartidário. Os democratas normalmente são mais liberais que os republicanos e acreditam num papel mais forte do governo. Toleram a aplicação de impostos mais altos para promover programas sociais, com taxações mais pesadas sobre a fatia da população de maior renda. Considerado o "partido do povo", atrai particularmente as minorias étnicas e as mulheres.

Considerado mais conservador e mais partidário do livre empreendimento que os democratas, o Partido Republicano apoia os direitos estaduais, baixa incidência de impostos, com intervalos de taxação para os governos menores e mais ricos, e defende uma força militar poderosa. Os republicanos contam com seguidores na classe média, na comunidade agropecuária e entre empresários.

Esse espectro, no qual convivem conservadores *versus* liberais, é amplo, mas no geral está situado à direita da política europeia, por exemplo. (Ian Hislop, editor da revista satírica *Private Eye*, sediada no Reino Unido, afirma que os Estados Unidos têm "um partido conservador e outro *muito* conservador".)

O comunismo foi, certamente, a antítese das liberdades americanas, mas até as expressões "socialista" e "liberal" já foram usadas como insultos dirigidos aos democratas, enquanto a extrema-direita geralmente se orgulha de seu anti-intelectualismo do "não saber nada" — três dos candidatos presidenciais republicanos de 2007 alegaram que não acreditam na evolução. Tópicos divisivos e "explosivos" que certamente vêm à tona durante as campanhas são o controle de armas, o aborto, o casamento entre pessoas de mesmo sexo e até a contracepção. Uma característica significativa da cena política são os bem financiados grupos especiais de interesse, que fazem lobby junto a políticos para influenciar suas decisões.

Na maior parte do último século, cada partido dependeu de uma "base" de cerca de 40% do eleitorado, embora sua localidade geográfica tenha mudado de acordo com cada geração. As eleições presidenciais são, portanto, decididas por uma faixa média fluida de eleitores independentes e indecisos. Nenhum presidente na história jamais persuadiu mais de 62% do público votante a escolhê-lo!

Por causa do colégio eleitoral (ver quadro a seguir), as tendências de votação da nação são analisadas de acordo com os estados. Os estados dos democratas são rotulados de "estados azuis", e os dos republicanos, de "vermelhos". Atualmente, os estados azuis tendem a ser os que estão alinhados na costa Oeste, agrupados perto dos Grandes Lagos ou espalhados no norte, ao longo do litoral oriental, desde Washington, D.C. até o Maine. Os estados vermelhos estão situados no centro da nação.

> ### *ANÁLISE GERAL DO MAPA*
> As aparências enganam. Se você examinar o mapa dos EUA, a divisão entre estados vermelhos e azuis na eleição presidencial de 2012 parece relativamente homogênea, pelo menos em termos de área. Mas os estados que apoiaram o Partido Democrata, direcionando os votos de seus colégios eleitorais para Barack Obama, efetivamente continham 75% da população.
>
> Pesquisas conduzidas por Dante Chinni e James Gimpel, em seu livro *Our Patchwork Nation*, sugerem expressamente que examinar os estados é um enfoque simplista, e que as perspectivas dos eleitores são realmente forjadas pelo tipo de comunidade em que vivem.

O sistema eleitoral federal

As eleições presidenciais são realizadas de quatro em quatro anos, na primeira terça-feira de novembro. A posse do candidato vencedor é sacramentada dali a aproximadamente dois meses e meio — em 20 de janeiro.

Tecnicamente, o presidente não é eleito por sufrágio universal, mas por um colégio eleitoral de 538 membros, em um sistema confuso para muitos estrangeiros. Cada estado conta com uma série de votos de seu respectivo colégio eleitoral, proporcionalmente ao tamanho da população. Quando as pessoas votam em um candidato presidencial, elas de fato estão instruindo seu colégio eleitoral estadual a dar seus votos para aquele candidato. Na maioria dos estados, o candidato que recebe a maior parte dos votos ganha a alocação completa dos votos do colégio eleitoral do estado. Apenas Maine e Nebraska dividem seus votos proporcionalmente. A presidência é concedida ao candidato que recebe pelo menos 270 dos 538 votos dos colégios eleitorais da nação.

OS EUA: BREVE HISTÓRIA

Apesar da presença de tribos ameríndias indígenas e da evidência de um povoado viking em Terra Nova no século X, o título oficial de "descobridor da América" (acompanhado de um feriado nacional) é atribuído ao explorador italiano Cristóvão Colombo, ou Cristobal Colon, como era conhecido por seus financiadores espanhóis. Em um dos mais lucrativos erros de navegação da história, em 1492, Colombo confundiu as Índias Orientais, ricas em especiarias, com as ilhas do Caribe e os indianos com seus habitantes nativos.

Quando as narrativas de uma abundância espetacular atingiram as costas europeias, a corrida para colonizar o Novo Mundo se pôs a caminho. Os espanhóis reivindicaram extensos territórios no sul e no sudoeste. Os franceses focaram no comércio de pele mais para o norte. Curiosamente, afirmava-se que grande parte das terras na costa Leste, hoje a região mais populosa, era infestada por mosquitos e inabitável. Uma colônia inteira sediada numa ilha (Roanoke), fundada por Walter Raleigh ao lado das Carolinas, desapareceu misteriosamente. A sorte britânica mudou quando o tabaco se tornou o novo vício na Europa. Uma colônia foi fundada em 1607 em Jamestown para o cultivo comercial por parte da coroa britânica. Em meados do século XVIII, os colonizadores britânicos já haviam fundado treze colônias na costa Leste, que se espalhavam do Maine até a Georgia.

Uma sociedade-modelo

Uma delas era a colônia de Plymouth — atualmente Massachusetts —, fundada pelos puritanos, uma seita fundamentalista protestante que tinha fugido das perseguições da Igreja Anglicana. O líder da seita, John Winthrop, imaginava que sua comunidade teria um governo autônomo e seria uma "sociedade-modelo" numa nova terra. Dos puritanos, a América herdou o ideal de que esse fabuloso experimento na construção de uma nação seria um exemplo, uma "cidade brilhante sediada numa colina", para que outros países a admirassem.

As ambições competitivas dos europeus no novo país levaram à Guerra dos Sete Anos (1757-1763), dando à Grã-Bretanha a soberania sobre o Canadá e todo o leste do Mississippi na América do Norte. Vitoriosas, mas cientes da responsabilidade de manter suas colônias, as autoridades inglesas decidiram elevar os impostos americanos. Em resposta, os colonos se uniram sob a bandeira de "não taxação sem representação" e, em 1773, sabendo como irritar os britânicos, despejaram remessas de chá injustamente tributado nas águas do porto de Boston.

Revolução e independência

Os protestos contra os impostos aumentavam, bem como as tensões, mas os primeiros tiros somente foram disparados em 19 de abril de 1775, quando soldados britânicos confrontaram colonos rebeldes em Lexington, Massachusetts. Assim começava a Revolução Americana.

Em 4 de julho de 1776, os líderes das treze colônias finalmente se uniram por uma causa comum e aprovaram a Declaração da Independência — que só foi assinada de fato dois dias depois —, reivindicando a autodeterminação.

Alguns legalistas mantiveram a lealdade à Coroa Britânica, mas os outros colonos, com a ajuda clandestina da França, da Espanha e da República Holandesa, rapidamente ganharam o controle do país. Uma força naval britânica que aportara em Nova York provocou um impasse no conflito, mas uma invasão fracassada no Canadá em 1777 levou à derrota humilhante dos britânicos em Saratoga, persuadindo os franceses a apoiar abertamente a revolução. Uma segunda derrota significativa e a rendição dos britânicos em Yorktown, Virgínia, em 1781, assinalaram a vitória final dos novos americanos e de seus aliados europeus, embora os combates continuassem até a assinatura do Tratado de Paris, em 1783, que criava uma nação independente.

O nascimento de uma nação

Os Artigos da Confederação, o manifesto em tempo de guerra elaborado para unificar as colônias, foram considerados inadequados diante dos desafios pós-revolução para governar o país. Convocados pela Filadélfia em 1787 para revisá-los, os delegados estaduais (posteriormente imortalizados como os "pais fundadores" da nação) preferiram recomeçar do zero — uma metáfora para o país recém-independente.

O resultado foi a elaboração da Constituição americana, documento que tem fornecido o arcabouço político e legal para o país desde sua ratificação em 1788. No ano seguinte, George Washington, comandante do Exército Continental durante a Guerra Revolucionária, tornou-se o primeiro presidente dos Estados Unidos.

Destino manifesto

Livre da dominação colonial, a América voltou sua atenção para o Oeste. Em 1803, o presidente Thomas Jefferson comprou o território da Louisiana de um

Napoleão endividado. Essa barganha negociada a três centavos por acre dobrou o tamanho do país, empurrou as fronteiras para o oeste até alcançar as Rochosas e permitiu acesso aos recursos hídricos do Mississippi. Na metade do século, uma série de disputas territoriais e tratados de terra anexou à União os atuais estados do Oregon, Washington, Texas, Novo México, Arizona, Califórnia, Utah e Colorado.

Os americanos acreditavam que seu "destino manifesto" era colonizar todas as regiões da América do Norte. No entanto, com um número cada vez maior de colonizadores, garimpeiros de ouro e tocadores de gado se dirigindo para o Oeste, o destino dos americanos nativos, que tinham habitado essas terras por um longo período, estava manifestamente selado.

Durante todo o século XIX, os povos nativos foram despojados de suas terras por uma série de tratados de terra espúrios, logros do governo e conflitos sangrentos. O Decreto de Remoção dos Índios (1830) transferiu forçosamente as tribos de suas terras natais do sudeste para um "território indígena" em Oklahoma. A rota percorrida e a viagem em si foram evocativamente imortalizadas como a "Trilha das Lágrimas".

Mais tarde, a chegada de colonizadores atraídos pela concessão de terras governamentais pela Lei da Propriedade Rural (Homestead Act), datada de 1862, avivou os combates com as tribos das Grandes Planícies. Convocado para proteger os novos povoados agrícolas, o Exército norte-americano disputou uma série de batalhas com os cheyennes, os arapahos e os sioux, entre 1862 e 1876. Essas batalhas incluíram a última derrota do Exército norte-americano em solo pátrio, quando a "última posição" do general Custer foi sobrepujada pelos sioux na Batalha de Little Bighorn. Hoje, um monumento colossal ainda em construção no estado de Dakota do Sul homenageia o chefe Cavalo Louco, reconhecendo-o como símbolo de resistência e sofrimento das nações indígenas.

OS AMERICANOS NATIVOS

Disputas territoriais, doenças e confinamentos em reservas do governo diminuíram a população nativa americana de estimados 4,5 milhões, nos primórdios da colonização europeia, a 350 mil em 1920.

Hoje, após diversos atos equivocados, o governo, a sociedade — e até Hollywood — reconhecem os malfeitos perpetuados na corrida para a colonização americana. O desemprego, o analfabetismo e a pobreza permanecem desafios entre os americanos nativos. Apesar de tudo, eles têm demonstrado uma grande força de espírito: de acordo com o Censo de 2000, o número de americanos nativos chega na casa dos três milhões. Muitos fizeram contribuições únicas para a sociedade norte-americana e, paralelamente, continuam a honrar sua herança cultural.

Os visitantes dos estados das Grandes Planícies ou do Sudoeste podem aprender melhor sobre a cultura e o estilo de vida dos americanos nativos simplesmente prestando atenção, observando — e deixando a câmera fotográfica em casa.

A Guerra Civil

A "instituição peculiar" da escravidão começou no início do século XVII, quando africanos foram forçosamente transportados para os Estados Unidos e vendidos em leilões para substituir brancos pobres e índios como "servos contratados". À medida que a economia agrícola se desenvolvia na região Sul, entre 1619 e 1865, três milhões de escravos foram levados aos Estados Unidos para trabalhar nas plantações de tabaco, cana-de-açúcar e algodão.

A escravidão abriu uma profunda fenda nas divisões econômicas e políticas já existentes entre as regiões Norte e Sul. As fazendas e indústrias dos estados populosos do Norte tinham menor necessidade de escravos e aboliram a prática em 1804. O Congresso declarou em 1808 que a importação de escravos para os Estados Unidos era ilegal, mas os estados, individualmente, podiam definir suas próprias diretrizes sobre o comércio e o "emprego" continuados de escravos. Como, um a um, os estados recém-admitidos no Oeste preferiram se juntar ao Norte, tornando-se "estados livres", o Sul sentiu uma agitação econômica e política se deslocando contra ele.

Ao se opor à escravidão, o Norte alegou fundamentos morais. O Sul contra-atacou, uma vez que as bases de sua economia e de sua sociedade estavam em risco. Quando o fervoroso antiescravagista Abraham Lincoln foi eleito presidente (1860), os estados do Sul anunciaram desafiadoramente que estavam se separando da União e formando uma confederação.

A Guerra Civil de quatro anos (1861-1865) que se seguiu foi uma disputa inigualável. O Norte industrial tinha vantagem em homens, comunicações mais sofisticadas e infraestrutura manufatureira. O Sul agrário tinha líderes militares renomados e uma determinação de aço, mas, derrotados pela vitória de Sherman* em Atlanta (1864) e por uma marcha subsequente contra suas próprias posições, os estados confederados se renderam em 1865. A escravidão foi formalmente abolida em toda a nação em 1866. A Guerra Civil foi provavelmente o

---

* General William Sherman (1820-1891), um dos chefes nortistas mais destacados da Guerra de Secessão. (N. do T.)

capítulo mais trágico da breve história da América e deixou um rastro de seiscentos mil mortos. Lincoln não chegou a saborear a vitória — foi assassinado antes que os tiros finais da guerra fossem disparados.

A era industrial

Abatido, o Sul teve sérias dificuldades em sua reconstrução, com uma economia devastada e uma nova ordem social. Embora a escravidão tivesse sido completamente abolida, escravos emancipados e seus descendentes continuavam sofrendo privações, segregação e discriminação.

As fortunas eram muito diferentes no Norte. Lá, a revolução industrial transformara os EUA numa das maiores potências econômicas. Uma nova linhagem de magnatas dos negócios, incluindo J. P. Morgan, John D. Rockefeller e Andrew Carnegie, construíram vastos impérios nos setores bancário, petrolífero e siderúrgico. Como a nova elite da América, acumularam grande riqueza e construíram opulentas mansões. Alegando que eram meramente os "procuradores da riqueza divina" (e também cientes da legislação antitruste), estabeleceram uma generosa tradição de filantropia pela nação.

O final do século XIX também trouxe mudança significativa na composição demográfica. Além das correntes de ingleses, irlandeses, alemães e holandeses, imigrantes da Europa Central afluíram em massa para trabalhar nas fábricas do Norte, e chineses, nas minas de ouro californianas.

Avanços revolucionários na tecnologia dos transportes e das comunicações ajudaram a integrar o país, ao mesmo tempo que o abriram para novas oportunidades. A Ferrovia Transcontinental (1869), por exemplo, transportava carne de vaca e trigo do oeste para o leste, e colonizadores e bens manufaturados na direção contrária.

Com a disseminação do desenvolvimento pelo país, começaram a ser erguidas as cidades americanas, e os "arranha-céus" emoldurados em aço de Louis Sullivan* esculpiram o legendário cenário de Manhattan.

Um fim ao isolacionismo

Tendo povoado o interior e se estabelecido como potência econômica, a América decidiu expandir sua influência no exterior. O Alasca foi comprado da Rússia em 1867. A vitória na Guerra Hispano-Americana (1898) permitiu que os EUA expandissem sua influência até o Caribe e o Pacífico, com a aquisição de Guam, Filipinas e Porto Rico, além do controle sobre Cuba. O país expandiu seu império ao anexar as ilhas produtoras de açúcar do Havaí (1898) e ao abrir o Canal do Panamá (1914).

É de notar que, quando falamos em expansionismo comercial, o dólar jamais esteve "isolado". No entanto, no que se referia às questões militares e políticas dos outros países, a América vinha objetivando uma posição isolacionista, delineada pelo presidente Monroe em 1823. Isso, contudo, terminou em 1917, três anos após a erupção da Primeira Guerra Mundial, quando a decisão

---

* Um dos maiores arquitetos e teóricos americanos (1856-1924), que associou ao funcionalismo uma decoração de espírito *art nouveau*. (N. do T.)

do governo alemão de atacar embarcações neutras provocou a entrada do presidente Wilson no conflito. A injeção impressionante de tropas norte-americanas para encorajar as fileiras enfraquecidas dos Aliados foi decisiva para garantir a paz, em novembro de 1918.

A Grande Depressão

Os anos 1920 foram uma época boa para a economia, com a América adquirindo gosto pelo intenso consumo de bens produzidos em massa. Quando Henry Ford apresentou seu carro Modelo T ao país, foi paixão instantânea. Com o advento da indústria cinematográfica de Hollywood, as imagens do "sonho americano" foram exportadas mundo afora.

Mas o crescimento desordenado da economia gerou níveis de especulação desenfreados. Em 24 de outubro de 1929, o mercado de ações entrou em colapso, mergulhando a nação na Grande Depressão. Muitas pessoas perderam o emprego e as economias de uma vida inteira. A zona rural não contava com estoque de alimentos, pois uma seca destruíra colheitas e bens de subsistência. As políticas do New Deal, de Franklin Delano Roosevelt, trouxeram certo alívio, mas a recuperação era agonizantemente lenta.

O fim da sucessão dinástica?
O presidente Franklin Roosevelt ("FDR") tinha parentesco distante com seu predecessor, "Teddy" Roosevelt. Estranhamente, a esposa de FDR — Eleanor — era parente mais próxima. Ela era sobrinha de Teddy e já se chamava Roosevelt antes de se casar com Franklin.

Outros presidentes aparentados são os Adam (pai e filho), os Harrison (avô e neto) e, obviamente, os Bush (pai e filho).

A Segunda Guerra Mundial

A neutralidade norte-americana foi testada pela segunda vez quando a Grã-Bretanha declarou guerra ao regime nazista alemão em setembro de 1939. A recalcitrância terminou com o ataque japonês a Pearl Harbor, Havaí, em 7 de dezembro de 1941, impelindo os Estados Unidos a entrar da noite para o dia na Segunda Guerra Mundial. A guerra no continente europeu terminou em maio de 1945, mas assolou o Pacífico até agosto, quando o país lançou bombas atômicas em Hiroshima e Nagasaki, no Japão. A América justificou a ação alegando que a alternativa — a invasão do Japão — acarretaria enormes perdas para ambos os lados.

A Guerra Fria

Se alguém ainda tinha alguma dúvida, a implantação do Plano Marshall (1947) e a criação da Otan (1949), comprometendo o capital e as tropas americanas com a reconstrução e a defesa de uma Europa democrática, assinalaram o fim bastante claro da neutralidade do país.

A rápida disseminação de regimes totalitários na Europa Ocidental pós-guerra e a tomada da China pelos comunistas alarmaram os americanos. Dando proeminência à paranoia para justificar sua política de relações estrangeiras para a "contenção do comunismo", o presidente Truman ordenou ao senador Joseph McCarthy que investigasse e revelasse todos os "subversivos comunistas" que viviam em solo norte-americano.

Preocupações com a expansão da influência comunista na Ásia provocaram a intervenção militar norte-americana na Coreia (1950-1953) e, posteriormente, no Vietnã (1964-1975). A competição entre soviéticos e americanos para obter o manto de "superpotência" resultou também em uma proliferação perigosa de armas atômicas e nucleares. Em 1962, em um dos confrontos mais graves, o presidente Kennedy ordenou que os soviéticos retirassem os mísseis nucleares de bases cubanas. Após uma parada tensa, o presidente Kruschev, da Rússia, recuou, evitando uma guerra nuclear. Uma nação agradecida acabou atingida pelo luto no ano seguinte, quando o jovem e popular presidente foi assassinado por um simpatizante dos soviéticos.

A turbulenta década de 1960
Na esteira do sentimento popular após o assassinato de JFK, o novo presidente, Lyndon Johnson, implementou um ousado programa de legislação de direitos civis, acabando com a segregação racial. Mas o envolvimento crescente da América na Guerra do Vietnã polarizou a nação, que se tornou cada vez mais convencida de que lutar contra a onda comunista a meio mundo de distância não era justificativa para a perda de 58 mil vidas americanas. Sob crescente pressão, o presidente Nixon

assinou um tratado de paz com o Vietnã do Norte em 1973. As tropas que voltaram se depararam com uma recepção indiferente e tiveram que esperar até 1982, quando as feridas cicatrizaram e foi erguido um Memorial da Guerra do Vietnã na capital nacional, honrando os que tombaram na luta.

De volta ao cenário doméstico, o dr. Martin Luther King Jr., líder e principal mediador do movimento dos direitos civis, foi assassinado em 1968, mesmo ano da morte de outro ativista social, o senador Robert Kennedy.

A "contracultura" dessa década também gerou avanços quanto aos direitos das mulheres, gays, lésbicas e trabalhadores imigrantes. Esses tempos tumultuados terminaram com um raro momento de unidade quando, em 1969, um astronauta norte-americano pousou com sucesso na Lua.

Do Watergate ao Whitewater*

Apesar dos feitos significativos alcançados por Nixon na política de relações exteriores, eles foram ofuscados pelo escândalo de Watergate, e o presidente teve que abandonar o cargo em 1974. Mesmo com o sucesso atingido por Jimmy Carter (1976-1980) ao assegurar o acordo de paz de Camp David entre egípcios e israelenses, a crise energética e o drama do sequestro de americanos no Irã afundaram sua administração. Os dois mandatos do popular presidente Reagan (1980-1988) se

---

* Whitewater é a denominação de outro escândalo americano, dessa vez em referência a um empreendimento imobiliário suspeito que, à época, envolvia os nomes do presidente Bill Clinton e de sua esposa, Hillary Clinton. (N. do T.)

caracterizaram por uma agenda social conservadora, uma política intervencionista de relações exteriores e cortes de impostos indutores de déficit.

O início dos anos 1990 testemunhou o retorno das intervenções militares em países estrangeiros, quando a invasão do Kuwait pelo Iraque provocou a reação do presidente George Bush (1988-1992), desencadeando a guerra conhecida como Operação Tempestade no Deserto. Vitorioso lá fora, Bush foi derrotado internamente por Bill Clinton (1992-2000), que foi capaz de capitalizar sobre desafios domésticos. Apesar de ser perseguido por escândalos, Clinton teve sólido apoio público ao longo dos dois mandatos, mantidos principalmente graças ao *boom* econômico.

O 11 de Setembro e o depois

Os EUA entraram no século XXI como a única superpotência mundial, mas com um inimigo novo e sem rosto. Os ataques devastadores de 11 de setembro de 2001, que destruíram o World Trade Center, em Nova York, e danificaram o Pentágono, em Washington, D.C., matando 2.800 pessoas em solo americano, resultaram na tomada de ação militar no Afeganistão e no Iraque pelo presidente George W. Bush (2000-2008) — filho do ex-presidente George Bush. A Guerra ao Terror no estrangeiro e a resposta ao 11 de Setembro no cenário doméstico dominaram a maior parte dos dois mandatos da administração Bush. Em 2005, a cidade de New Orleans foi devastada quando os controles de enchentes falharam após a passagem do furacão Katrina.

Em 2009, houve um momento histórico, quando o democrata Barack Obama se tornou o primeiro presidente afro-americano dos Estados Unidos, herdando a maior recessão desde os tempos da Grande Depressão e um clima cultural e político cada vez mais polarizado.

Financiado por bilionários e coordenado pela nova mídia social, o partido de extrema-direita Tea Party saiu nas ruas e praças para reafirmar princípios conservadores e libertários, enquanto o movimento Occupy Wall Street, de esquerda, protestou contra os gigantescos bônus ainda vergonhosamente coletados pelos mesmos arquitetos financeiros que muitos acreditavam ser os principais causadores do colapso econômico. Em 2011, Osama bin Laden, fundador da organização fundamentalista muçulmana Al-Qaeda, que orquestrou os ataques de 11 de Setembro, foi morto pelos SEALs da força naval norte-americana em seu esconderijo no Paquistão, mas a tensão entre os Estados Unidos e várias nações muçulmanas permanece um desafio para os diplomatas. Obama foi reeleito em 2012.

POR QUE "9/11"?

O dia que viu a destruição das torres gêmeas do World Trade Center, no centro de Manhattan, e os sérios prejuízos causados ao Pentágono rapidamente ganhou o nome de "9/11". Para entender a razão disso, é preciso conhecer dois fatos sobre a América.

Primeiro, os americanos escrevem as datas com o mês antes do dia: "September 11, 2001", e não "11th September 2001". Quando essa sequência é abreviada em números, torna-se "9/11/01". (No Brasil, indicaria o nono dia de novembro.)

Segundo, o número telefônico dos serviços de emergência nos Estados Unidos é 911, pronunciado *nine-one-one*, ou "nove-um-um". Essa peculiar coincidência foi o bastante para que esta se tornasse uma forma conhecida de designar um dia de horror e tristeza que nenhum americano jamais vai conseguir esquecer.

Capítulo **Dois**

VALORES E ATITUDES

O que realmente importa para os americanos? Pode parecer impossível generalizar se considerarmos as vastas distâncias e uma população de 315 milhões de pessoas famosas por ser extremamente individualistas. No entanto, a personalidade especial e as experiências únicas dos primeiros colonizadores, além das levas sucessivas de imigrantes, têm, na realidade, conformado um conjunto de valores característicos a todos os americanos.

O IDEAL AMERICANO

Em seu livro *American Exceptionalism*, de 1995, Seymour Lipset observa que os Estados Unidos são a única nação do mundo fundada com base num credo. À diferença de sociedades em que a nacionalidade está associada a um acaso, tornar-se americano tem uma relação muito forte com um ato consciente, o comprometimento ideológico com um conjunto de valores e um estilo de vida.

Apesar de suas diferentes origens ou motivações, aqueles que chegaram voluntariamente à América eram ligados por crenças similares, unidos pela mesma missão. Rejeitaram noções de uma religião oficial para o país, de um governo centralizado poderoso ou de uma estrutura de classes rígida. Seu ideal utópico era ter o espaço e a liberdade para viver a própria vida de acordo com sua religião, sem interferência governamental. Acreditavam que a moralidade e o trabalho duro conduziam ao aperfeiçoamento da humanidade e à melhoria da sociedade. Todos tinham chances iguais de êxito, pois todo indivíduo era livre para controlar o próprio destino. Esses princípios orientadores de liberdade e igualdade — e "busca da felicidade" — eram modelados e reforçados por muitos dos primeiros líderes da colonização americana. Institucionalizados posteriormente na Declaração de Independência e na Constituição, têm forjado as políticas públicas e os valores nacionais desde essa época.

IGUALDADE DE OPORTUNIDADES

Desde o início, os americanos estavam determinados a transformar essa nova sociedade numa meritocracia. Cultuada inicialmente na Declaração de Independência, a frase "Todos os homens são criados de forma igual" enfatizava que, independentemente de raça, religião ou origem, Todos os indivíduos deveriam ter iguais oportunidades de obter sucesso. Assim, os degraus que levariam ao êxito não deveriam ser alocados por direito nato, mas atingidos pela iniciativa e pela perseverança. Levou algum tempo para que a retórica atingisse a completa realidade, mas a América é hoje uma nação que eliminou todas as barreiras baseadas em sexo, raça, religião e nacionalidade.

Igualdade de oportunidades não deve ser confundida com igualitarismo (outro importante valor americano). Em seu livro *Democracy in America* (1835), Tocqueville observou inicialmente que a ênfase é colocada na igualdade de *oportunidades* — não em *condições iguais* para todos. Consistentes com essa mentalidade individualista, os americanos acreditam que a capacidade, o esforço e a realização devem ser recompensados, e rejeitam a noção da interferência governamental para resolver injustiças econômicas e sociais. Em vez de investir em um estado de bem-estar social no estilo europeu, a América "nivela o campo de jogo" e promove mobilidade positiva quando torna seu sistema educacional flexível e acessível a todos.

INDIVIDUALISMO

O direito de controlar o próprio destino é um valor apreciado pelos americanos. Os direitos e liberdades individuais são defendidos intensamente. Enquanto os conformados japoneses afirmam que "o prego saliente vai levar as devidas marteladas", os americanos acreditam que "quem não chora não mama". Em outras palavras, expresse abertamente suas ideias, seja notado, e você terá suas necessidades satisfeitas.

Como é possível uma nação de individualistas também gostar de atuar em equipe? O conceito americano de afiliação em "grupo" ou "time" é diferente do encontrado em países coletivistas. Embora completamente comprometidos com os objetivos do time, os indivíduos também usam o grupo para promover uma agenda pessoal. Independentemente se numa sala de reuniões ou num vestiário de clube, os membros individuais vão esperar ser recompensados com base em sua contribuição distintiva, em que o principal jogador recebe a parte do leão. É divertido ser parte de um time e notar as coisas fabulosas que podem ser alcançadas em conjunto, mas, no fim das contas, é preciso "ser o número 1" e, assim que o grupo não servir mais aos seus propósitos individuais, é hora de encerrar a associação e partir para a próxima oportunidade, *no strings attached* ("sem compromisso").

Os americanos gostam que suas atividades coletivas e sociais tenham caráter local e voluntário. O financiador generoso e orgulhoso de um programa de assistência paroquial ou de uma instituição beneficente comunitária também será um oponente voraz de programas governamentais que usam benefícios fiscais para sustentar o bem-estar social. E essa é uma opinião que está ficando cada vez mais forte, conforme observa o colunista conservador David Brooks, do *New York Times*: em 1987, durante o segundo mandato do governo Reagan, 62% dos republicanos acreditavam que o governo tinha a responsabilidade de ajudar os desafortunados. Em 2012, esse número havia caído para 40%.

AUTOSSUFICIÊNCIA

Originária do individualismo, das privações e do isolamento sofridos pelos primeiros colonos, a autossuficiência é valorizada pelos americanos. Bennett e Stewart (*American Cultural Patterns*) citam exemplos dos mitos do Velho Oeste, tais como o caubói solitário ou os habitantes de terras remotas que impunham por conta própria a justiça aos fora da lei. Os solitários míticos da atualidade, sugerem eles, são os "cidadãos irados ou os detetives isolados que desafiam o sistema e impõem, pessoalmente, a lei e a ordem".

Claramente, a ideia de que "Deus ajuda a quem se ajuda" inspirou a ética do trabalho americana nos primórdios dessa sociedade. Ela tem evoluído até uma mentalidade de "autoajuda", na busca de soluções para os desafios da vida moderna. Bons pais americanos instilam esse valor oferecendo a seus filhos todas as oportunidades para que se preparem para a vida adulta; em seguida, lançam-nos para fora do ninho para que tracem suas próprias trajetórias no mundo. Os idosos também querem permanecer autossuficientes. Preferem viver numa comunidade de aposentados ou num asilo a ficar dependentes dos familiares. No mesmo viés, é dada assistência prática aos incapacitados, física ou mentalmente, a fim de possibilitar que levem uma vida independente e desenvolvam seus plenos potenciais.

VOX POPULI

Na América colonial, o populismo fincou raízes à medida que cidadãos se reuniam em prefeituras para discutir problemas da comunidade. O antagonismo em relação a uma autoridade colonial distante, que impunha regras de cima para baixo, inspirou os americanos a criar um sistema que trabalharia das camadas de baixo para cima — um governo "das pessoas, pelas pessoas", para usar as palavras de Abraham Lincoln.

Hoje, a maior parte dos cargos públicos é preenchida por meio de eleições, e estas e os referendos são realizados muito mais frequentemente do que em qualquer outro país — a publicação *Economist* estimou números na casa de um milhão em cada ciclo eleitoral de quatro anos. Os cidadãos se fazem ouvir em câmaras de conselho e reuniões de governo, participam de comitês escolares, adotam causas e semeiam atividades políticas para a sociedade.

IGUALITARISMO

Segundo a crença de que "todos os homens nascem iguais", as relações sociais norte-americanas se fundam no mesmo respeito e na mesma informalidade. Num exemplo de igualitarismo do passado, o Congresso de 1789 decidiu que George Washington deveria receber simplesmente o tratamento de "sr. Presidente". Os CEOs corporativos da atualidade podem ser chamados de Bill ou Meg, e os operadores de telemarketing também pressupõem que podem tratar você pelo primeiro nome.

A América é uma sociedade sem classes? Sim e não. Embora efetivamente exista uma estratificação social, o conceito de classe é inteiramente diferente nos Estados Unidos. Nas sociedades tradicionais europeias, a classe denota uma posição herdada. Nos Estados Unidos, é um status adquirido graças ao esforço e às realizações. Isso significa que, à diferença da classe, a posição social não é definida por pronúncia, afiliações ou geografia, mas por dinheiro e poder. Na visão dos americanos, estes são símbolos de status e sucesso. Há também muito menos deferência à autoridade e menor número de privilégios com base na posição social.

Mais da metade dos americanos se refere a si mesma como "classe média", um rótulo cada vez mais político, usado para indicar qualquer apoiador dos valores norte-americanos que trabalha arduamente e deseja ver o avanço de sua família. A base não é mais definida por certo status de trabalho (gerencial ou não), por conquistas educacionais ou nível de renda. Desse modo, o termo abrange qualquer pessoa considerada da "classe trabalhadora" em outros países.

ÉTICA DO TRABALHO

A ética protestante do trabalho fornecia uma clara e convincente equação para os primeiros colonizadores: o trabalho duro conduzia a uma vida baseada em preceitos morais, realização espiritual e bênção divina, na forma de recompensas materiais no plano terreno. Benjamin Franklin (um dos pais fundadores dos EUA que jamais se tornou presidente) encapsulou grande parte da ética do trabalho em seu tratado *Almanaque do pobre Ricardo* (1736), cunhando provérbios ainda hoje citados, tais como "Dormir e acordar cedo torna o homem sadio, bem-sucedido e inteligente" e "Tempo é dinheiro". Na atualidade, o americano comum ainda trabalha trezentas horas por ano a mais que a média dos europeus.

Diferentemente das culturas que adotam o lema "trabalhar para viver", em que o trabalho é apenas uma das muitas dimensões da vida, para muitos americanos o trabalho é central na definição de suas percepções de identidade e valor próprio. Até aqueles que podem se dar ao luxo de sair dos trilhos geralmente não o fazem. Em uma pesquisa de 2009 feita pelo Pew, 92% dos americanos diziam que o trabalho duro é a chave para o sucesso.

Nessa terra de abundância, o sucesso não tem de ser obtido à custa dos outros — excetuando-se a experiência dos índios norte-americanos e dos escravos dos sulistas. Certamente, a alguns indivíduos é dada uma "mãozinha", por terem nascido com privilégios. Mas, teoricamente, qualquer pessoa pode se tornar um milionário ou estudar em Harvard nessa sociedade amplamente móvel. De fato, os americanos veneram aqueles que ascenderam da pobreza e superaram adversidades para atingir o sucesso. Isso explica por que raramente há culpa quando os "frutos do trabalho" são apreciados, e por que os americanos podem invejar os extremamente ricos sem necessariamente se ressentir deles. No entanto, há um sentimento crescente de que, durante períodos de dificuldades financeiras para muitos americanos, existe algum tipo de conflito na disparidade ainda mais acentuada entre os rendimentos dos abastados e dos joões-ninguém.

> **"Trabalho: 1. Aquilo que nos afasta de problemas. 2. Um plano divino para driblar o Diabo."**
> Verbete em *The Roycroft Dictionary & Book of Epigrams*, 1923

CONSERVADORISMO E MORALIDADE

Mais de 40% dos americanos descrevem a si mesmos como "conservadores", e eles praticamente formam a base de apoio do Partido Republicano, comprometido com impostos baixos e limitada interferência governamental e nos gastos — excetuando-se os custos para sustentar Forças Armadas fortes. Para esse movimento americano, a presidência do adorado Ronald Reagan foi o auge, a era dourada.

Mas o conservadorismo vai além do ponto de vista político. Na América, tem um significado peculiar, que abarca a vida cultural, religiosa e social de seus seguidores. Os valores fundamentais de autossuficiência e individualismo combinam com um respeito inabalável pela tradição e pela legalidade. Isso pode ser reforçado ainda mais nos ensinamentos morais centrados na Bíblia das igrejas evangélicas protestantes, com seus valores puritanos e sua desconfiança do secularismo e de qualquer ciência que desafie o papel pragmático de Deus na história.

Os americanos buscam considerar a moralidade em termos absolutos. Enquanto na Europa o aborto e os direitos dos homossexuais são vistos como questões políticas, nos EUA são definidos em termos éticos e morais, polarizando geralmente a nação e provocando debates acalorados. Como aponta Lipset, as guerras são cruzadas moralistas — a democracia contra o império do mal.

Os pequenos pecados sexuais de um presidente seriam irrelevantes na Europa. Os americanos, em contrapartida, esperam de seu líder nacional uma conduta moral no mais alto nível (embora certos comediantes contem piadas às suas custas na programação noturna da TV).

Os "estados vermelhos", em que reina o conservadorismo, estão concentrados no centro do país, e visitantes cuja única experiência com americanos advém das principais cidades dos estados de Nova York e Califórnia — notadamente criadouros de liberais — não devem assumir que testemunharam tudo acerca do cenário político e social.

O que tudo isso revela para os turistas? Uma grande variação nas questões "morais" de estado para estado e um consenso nacional já desenvolvido sobre essas questões, que pode parecer surpreendentemente atrasado no tempo para, digamos, visitantes europeus, os quais tendem a ser mais tolerantes sobre o controle de armas e cientes do aquecimento global.

GESTOS DE RETRIBUIÇÃO

Quando John F. Kennedy, em seu discurso inaugural de 1960, exortou os americanos ao lema "Não pergunte o que seu país pode fazer por você, mas o que você pode fazer por seu país", ele estava ensinando o pai-nosso ao vigário. Os EUA superam qualquer outra nação em termos de tempo e dinheiro doados para causas valiosas. Um em cada quatro adultos americanos faz trabalhos voluntários regularmente. A combinação da generosidade e da atitude do "posso fazer" da América fez contribuições de caridade, por parte de indivíduos e corporações, da ordem de 298 bilhões de dólares em 2011, apesar de diversos anos de menores contribuições em virtude da recessão. (As contribuições de "caridade" são as doações geralmente isentas de taxas para organizações sem fins lucrativos, que podem ser culturais, educacionais, religiosas ou para pesquisas médicas, bem como aquelas que auxiliam os necessitados.)

As primeiras organizações voluntárias eram de grupos religiosos que assumiam a responsabilidade pelos programas de bem-estar social normalmente administrados pelo governo país afora. Hoje, indivíduos de todas as camadas sociais fazem doações de forma particular ou organizam eventos de caridade por intermédio de seus grupos comunitários, da escola ou do trabalho. A cada semana, milhares de pessoas participam de corridas para combater a fome no mundo ou fazem caminhadas para comprar um novo telhado para a igreja local. Do mesmo modo, mesmo que assoberbados de trabalho, cada vez mais americanos doam seu tempo para ajudar os necessitados. Muitos jovens servem como voluntários no Corpo da Paz, fundado pelo presidente Kennedy, que presta assistência em aproximadamente setenta países, enquanto o AmeriCorps oferece oportunidades similares para serviços dentro da própria nação.

O que motiva essa constante efusão de generosidade? Os americanos gostam de praticar suas habilidades e sua energia, "retribuir" para a comunidade e fazer a diferença. Dessa forma, a consciência, o corpo e a carteira desempenham seu papel, e a sociedade se alimenta disso, não dependendo de verbas governamentais. Trata-se de uma proposição em que há ganhos para todos os envolvidos.

O ESPÍRITO DO "POSSO FAZER"

> **"Se puderem, os americanos comandam até o funcionamento da Lua."**
> *Ralph Waldo Emerson*, 1846

A América foi fundada por uma linhagem especial de aventureiros, indivíduos empreendedores que buscavam novas fronteiras para conquistar. Eles encontraram uma gama enorme de recursos e uma sociedade jovem, que achava que era um dever mudar constantemente e que o progresso seria sua recompensa.

A equação "mudança = progresso" formatou uma cultura orientada para o futuro, a qual recompensa pessoas de espírito empreendedor que pensam fora dos padrões e assumem riscos. Com visão, energia e perseverança, pode-se conseguir tudo. Trata-se de uma convicção que já levou o homem à Lua e produziu o triplo de ganhadores do prêmio Nobel em relação ao segundo país da lista. Essa é a razão pela qual um novo sistema de TI ou uma nova marca de sabão em pó são automática e entusiasticamente adotados. Se algo é novo, deve ter sido aperfeiçoado, acreditam os americanos.

Culturas fatalistas creem que o azar é inevitável e que o destino é determinado pelo dedo trêmulo da sorte. Para os americanos, essa ideia não passa de superstição. Em vez de reagir passivamente aos eventos, os americanos assumem o controle sendo proativos. Em seu livro *The Yin and Yang of American Culture*, a dra. Eun Kim observa que "os americanos são obcecados por controlar seu destino, da saúde à felicidade". Eles aperfeiçoaram a arte de prever, diagnosticar e controlar cada aspecto da vida.

Para estar no controle, ajuda contar com a natureza como aliada. Algumas culturas vivem em harmonia com o meio ambiente. Os americanos gostam de domá-lo e de aproveitar seu poder para uso pessoal. O vento, o sol e as marés são transformados em valiosas fontes de energia; sistemas de ar-condicionado e de aquecimento ultramodernos permitem aos habitantes do Alasca e da Flórida desfrutar as mesmas temperaturas em todas as estações do ano.

Um otimismo resoluto e a fé no futuro inspiram não apenas as ações, mas também uma postura e um ritmo confiantes — "hoje está bom, mas amanhã certamente será melhor".

TEMPO É DINHEIRO

A obsessão pelo controle se estende ao tempo. Tempo é dinheiro e, como tal, deve ser administrado e gasto de maneira inteligente, jamais desperdiçado. Os advogados cobram por minuto, as empresas de telefonia, por segundo, e os novos canais de televisão se gabam de poder cobrir eventos internacionais no intervalo de um minuto. Terminar uma tarefa antes do tempo previsto é menos uma questão de pontualidade e mais uma questão de organização e uso eficaz do tempo. Ferramentas tecnológicas de planejamento do tempo, como os smartphones, são os novos brinquedos favoritos da nação, centrais de wi-fi se espalham pelo país e sua provedora de telefonia prefere que você clique no Twitter sempre que lhe ocorrer alguma ideia. Para os que estão sempre atrasados, há inúmeros livros e cursos dedicados à gestão do tempo. E o que você faz com o tempo economizado? Você o preenche, é claro! Como diz o ditado: "Se você quer que façam algo, dê o serviço a uma pessoa ocupada". O pior pesadelo para quem tem a agenda apertada? Tempo ocioso — um atraso inesperado que deixa você "encalhado" sem um laptop, sem um celular ou sem uma lista de afazeres, que o conduz ao pecado supremo de "matar o tempo".

DIVERSIDADE

Os americanos asseguram orgulhosamente que "há força na diversidade". E há também desafio. A legislação e a consciência social mais elevada geraram maior igualdade para todos, independentemente de raça, etnia, credo, sexo, orientação sexual ou incapacidade. Numa nação de imigrantes que se orgulha intensamente de suas várias culturas ancestrais, o progresso da integração pode ser lento; no entanto, a mudança de atitudes sociais pode ser medida pelo uso de terminologia mais respeitosa para com as minorias, pela disseminação de placas e serviços multilíngues e por iniciativas corporativas para a promoção da diversidade nos locais de trabalho.

Iniciativas com ações afirmativas, que garantam que empresas e instituições educacionais destinem vagas a grupos minoritários, têm tentado reparar as injustiças no sistema. Algumas pessoas, no entanto, rebatem a ideia, dizendo que isso constitui "discriminação inversa". Portanto, o ideal de igualdade de oportunidades continua se chocando com a realidade da existência de desigualdades econômico-sociais e de uma discriminação persistente.

PATRIOTISMO

Os americanos do período pós-revolucionário não tinham uma história compartilhada há muito tempo nem uma causa comum com que pudessem colaborar depois que expulsaram os britânicos. Havia a necessidade de forjar um senso de identidade e unidade. A Constituição e a bandeira logo se tornaram os símbolos mais poderosos do patriotismo.

Para o visitante, a bandeira norte-americana parece estar em todos os lugares. Ela não apenas tremula do lado de fora de edificações públicas como também enfeita o gramado de muitas residências. O hino nacional relata a

história de como uma bandeira tremulava durante a noite do bombardeio do Forte McHenry, em Baltimore, impingido pelos britânicos em 1812, a qual você ainda pode ver no Museu de História Americana, em Washington, D.C.; ela representa a tenacidade do espírito americano. Crianças em idade escolar juram lealdade à bandeira, e, quando toca o hino nacional, as pessoas ficam em pé e muitas colocam a mão no coração.

Na condição de hóspedes na América, como os visitantes devem reagir à predileção americana por demonstrar seu patriotismo? Deixando o cinismo em casa e demonstrando compreensão das forças culturais e históricas que modelaram o profundo sentimento de orgulho nacional. Ao mesmo tempo, os turistas não devem ficar ofendidos se um americano souber pouco sobre costumes ou hábitos estrangeiros. Eles compensarão qualquer aparente ignorância da vida fora dos EUA com cortesia e disposição para aprender.

ESSAS CORES NÃO COMBINAM

A bandeira norte-americana (Stars and Stripes — estrelas e listras) é mais que uma simples bandeira. Outras nações podem ter um monarca como figura principal ou uma série de tradições antigas, mas, para os americanos, a "Old Glory" é de longe o símbolo mais forte de uma nação que leva o patriotismo a sério. Não fique surpreso se você a vir tremulando em mastros do lado de fora de muitas residências.

Como mencionamos, a bandeira é o cerne do hino nacional e o foco de todas as cerimônias diárias feitas pelas crianças em idade escolar. Suas listras representam as treze colônias originais, e as estrelas enumeram os estados atuais (o que já provocou 26 reconfigurações desde o primeiro design, em 1777). Há estritas regras governamentais dispondo o modo como ela deve ser exibida, dobrada e até retirada.

Capítulo **Três**

COSTUMES E TRADIÇÕES

SEPARAÇÃO ENTRE IGREJA E ESTADO

Nas cerimônias americanas de premiação, cantores chorosos do estilo country, estrelas do hip-hop e ganhadores do Oscar geralmente agradecem a Deus em suas falas. A profundidade e a disseminação da vida espiritual na América são surpreendentes para muitos estrangeiros. A exemplo de diversos aspectos da cultura norte-americana, a religião está cheia de contradições e paradoxos, de adaptações do Novo Mundo às influências do Velho Mundo, e tem uma diversidade incrível.

Um dos primeiros atos do jovem governo americano foi decretar a separação entre Igreja e Estado: "O Congresso não deve aprovar nenhuma lei a respeito do estabelecimento da religião ou proibir o livre exercício desta". Teoricamente, essa primeira emenda constitucional assegurava que não haveria nenhuma religião apoiada oficialmente pelo governo. Os indivíduos eram livres para seguir a fé que quisessem.

Na prática, os juízes da Suprema Corte constantemente têm dificuldade para determinar o que constitui mediações governamentais em questões religiosas (e vice-versa). Uma contradição gritante é que, apesar de a reza não ser permitida em escolas públicas, os alunos fazem o juramento à bandeira diariamente, que contém a frase "uma nação sob a bênção de Deus" (embora as últimas palavras tenham sido acrescentadas somente em

1954, como um gesto anticomunista). Similarmente, embora o governo supostamente não possa endossar nenhuma religião em particular, as novas sessões do Congresso começam com uma oração, o presidente finaliza os discursos com "Deus abençoe a América" e o lema da nação, adotado em 1956, é: "Nós confiamos em Deus". A controvérsia tem sido caracterizada como uma contraposição entre o dever cívico e a consciência individual — dois valores caros aos americanos.

Afiliações religiosas

Oitenta e três por cento dos americanos expressam algum tipo de afiliação religiosa (embora somente 9% digam que é a coisa mais importante de sua vida), e cerca de 40% alegam que participam de missas mais ou menos uma vez por semana. A religião é uma atividade voluntária nos EUA, de modo que aqueles que praticam sua fé o fazem por escolha, como uma questão de consciência individual.

Isso pode justificar o alto grau de observância, a extensão do fundamentalismo e a grande variedade de religiões. Há cerca de 190 seitas religiosas ativas, e mais ou menos metade dos adultos americanos mudará de religião durante a vida, sendo que 28% substituirão a fé na qual foram criados ou a descartarão completamente.

Em 2010, as denominações protestantes constituíam 51,3% da população. Vale a pena mencionar, no entanto, que o protestantismo cobre um amplo espectro, que vai desde as doutrinas episcopais formais e luteranas ortodoxas até os exuberantes shows gospel entoados nas igrejas batistas do sul. Muitos cristãos evangélicos adotaram a teologia da prosperidade, que professa que Deus deseja que sejamos ricos, doutrina essa que se enquadra perfeitamente bem aos valores conservadores norte-americanos. As megaigrejas atraem milhares de devotos. Outros ministérios vão ao ar, disseminando a palavra — e buscando donativos — por meio do "tele-evangelismo".

Os católicos ainda são a maior denominação religiosa, com 23,9%. Muitas famílias católicas enviam os filhos a escolas paroquiais, que oferecem padrões acadêmicos e disciplinares rígidos e a liberdade de participarem de serviços religiosos.

A maioria dos 6,5 milhões de judeus do país pertence a uma destas três denominações — ortodoxos, conservadores ou reformistas, com os primeiros sendo os que mais atentam para aspectos como alimentação, estilo de vida e prática religiosa; os reformistas são os mais liberais.

Muitas crianças judias vão a escolas do sistema público (governamental), mas recebem instrução religiosa numa escola hebraica. Há também muitos judeus não praticantes que ainda conseguem extrair um forte senso de identidade e comunidade de suas etnias judaicas.

O budismo, o islamismo e o hinduísmo são as próximas na lista de religiões não cristãs, cada uma com menos de 1% da população. O islamismo tem historicamente atraído muitos afro-americanos convertidos. Os ataques de 11 de setembro, com seus vínculos a certas organizações islâmicas, compreensivelmente aumentaram o medo da nação em relação ao extremismo nascido em seu próprio quintal. Todavia, os muçulmanos americanos estão bem integrados na sociedade e tendem a manter pontos de vista moderados sobre questões que têm afastado sua religião dos "ocidentais".

O clima de tolerância e renovação na América alimentou o crescimento de novos movimentos religiosos entre os primeiros colonizadores. Os exemplos sobreviventes são a Igreja de Jesus Cristo dos Santos dos Últimos Dias (mórmons), os Adventistas do Sétimo Dia e as Testemunhas de Jeová. Embora muitos americanos religiosos questionem se essas são denominações verdadeiramente "cristãs", a visão mormonista do candidato republicano Mitt Romney mal transpareceu como um problema durante sua malsucedida corrida presidencial em 2012.

Uma generalização que talvez possa ser aplicada é a de que os americanos de todas as crenças consideram a Igreja detentora de uma responsabilidade significativa na construção de comunidades, no enfrentamento de desafios sociais e na ajuda aos desamparados. Muitos famintos são alimentados, muitos sem-teto são abrigados e muitos cuidados são dispensados a crianças e idosos por intermédio de voluntários saídos de instituições religiosas.

Algumas seitas estritamente religiosas permaneceram comunidades homogêneas, coesas, facilmente identificáveis por suas roupas distintivas, tais como os amish, na Pensilvânia, e os hassides, em Nova York. De modo geral, no entanto, é difícil averiguar a afiliação religiosa ou o grau de observância com base na aparência ou no estilo de vida. Muita prudência: os americanos tendem a se sentir desconfortáveis ao discutir sua fé, por isso esse tipo de conversa deve ser evitado.

Novas religiões híbridas

A América multicultural costuma adaptar e combinar as tradições culturais importadas por seus imigrantes. Isso tem criado fascinantes fusões na cozinha, na música e até no terreno da espiritualidade. A busca americana por realização espiritual é vista por muitos como inseparável de outros ideais americanos, como controle sobre o destino, autoconhecimento e capacidade de reinvenção.

Muitos americanos deixaram de ser monoteístas e, de modo contrário, se aproximaram de sistemas tradicionais de crenças, filosofias ocidentais e práticas da Nova Era para criar uma abordagem multifacetada, a fim de cumprir necessidades espirituais e de estilo de vida. Formas de medicina, exercícios e dietas tidos previamente como "alternativos" agora são considerados dominantes.

CRIADOS, CASADOS E DESPACHADOS

Os rituais que cercam nascimentos, casamentos e falecimentos também vão sofrer influência da afiliação religiosa, se houver, dos participantes. Casamentos entre pessoas com denominações religiosas distintas são comuns, e não é raro ter um padre e um rabino coordenando juntos uma cerimônia, ou um "celebrador de casamentos" licenciado conduzindo um serviço secular. O estilo do casamento é, de modo geral, uma questão orçamentária e de gosto pessoal. Nos Estados Unidos, os casamentos podem ser realizados em qualquer lugar, até mesmo no quintal de casa. A celebração pode variar desde uma cerimônia no estilo Nova Era, com os noivos descalços numa praia qualquer da Califórnia, até um serviço ortodoxo grego ritualizado em Chicago, ou um evento sofisticado, com os noivos vestidos segundo o último grito da moda num hotel de Nova York. Na maioria dos lugares, o celebrante é um clérigo licenciado ou um juiz de paz, mas alguns estados autorizam também outras pessoas.

Os casamentos geralmente são exaustivamente ensaiados, com entradas grandiosas na igreja ou no salão de recepção — normalmente com músicas dançantes — tanto para as damas de honra como para os padrinhos do noivo. Até os futuros genros, noras, sogros e sogras têm seus momentos de destaque.

Um costume americano comum é de os familiares, amigos e colegas organizarem um chá de bebê ou um chá de panela surpresa para a futura mamãe ou a futura noiva. A festinha é decorada com motivos associados ao bebê ou ao casamento, envolve brincadeiras, um bolo e uma "enxurrada" de presentes para a convidada de honra.

Outros importantes ritos de passagem observados na vida americana são de cunho religioso, tais como a Primeira Comunhão cristã, o Bar Mitzvah (para os meninos) e o Bat Mitzvah (para as meninas) judeus. Outros, como os Quinceaneros hispânicos, ou festas de 15 anos das garotas, estão ligados a certas etnias, mas as comemorações de 16 anos (*sweet sixteen*) das garotas ocorrem em todas as culturas. Talvez o momento mais comumente compartilhado e deliciosamente cultuado de um adolescente seja a Noite de Formatura (*Prom Night*), em que se celebra sua graduação no ensino médio, aos 18 anos.

OCASIÕES A SER LEMBRADAS

Os americanos "cerimonializam" tudo — não apenas casamentos —, ampliando o significado de cada ocasião ao fazer dela um evento grandioso. O Dia dos Namorados (Valentine's Day) e o Dia das Bruxas (Halloween) sempre recebem tratamento especial. Até as escolas infantis fazem cerimônias de graduação. As crianças exibem troféus em casa, às vezes recebidos apenas por terem comparecido a um evento esportivo. Até o lançamento da moeda para decidir que time vai dar o pontapé inicial no Super Bowl é um miniespetáculo, com chamadas televisivas, participação de convidados especiais e uma moeda especialmente cunhada.

A constante exaltação desses momentos é um lembrete de que construir uma cultura unicamente americana ainda está em alta? Ou é somente o inquebrantável otimismo norte-americano que germina esse entusiasmo pelos grandes momentos da vida?

FERIADOS: QUAIS SÃO E COMO SÃO CELEBRADOS

Embora a maioria dos feriados americanos seja observada em todo o território nacional, eles seguem as legislações estaduais, e o modo como são celebrados é influenciado pela afiliação religiosa, pela origem étnica e pela cultura regional. Na prática, a maior parte dos estados observa os feriados públicos nacionais.

Nos feriados oficiais, as escolas, o comércio, os bancos, as empresas privadas e os departamentos governamentais ficam fechados. (Em alguns feriados, o mercado de ações pode permanecer aberto.) Os transportes e outros serviços costumam operar com programação reduzida.

Algumas datas são únicas nos Estados Unidos, tais como o Dia de Ação de Graças (Thanksgiving) e o Dia da Independência. Embora ainda não sejam feriados oficiais, muitas festas étnicas ou religiosas importadas pelos imigrantes também assumiram uma identidade distintivamente americana. Um caso exemplar é o Dia de São Patrício (St. Patrick's Day), quando americanos de todas as etnias vestem roupas verdes, consomem algo verde — que não é originalmente verde — e alegam que são descendentes de irlandeses!

Um cético poderia dizer que muitas dessas comemorações, particularmente as de cunho religioso, perderam o significado original e são mantidas vivas por tradições familiares e por um marketing de boa qualidade. Certamente, parece que, tão logo acaba a cerveja verde no Dia de São Patrício, substituem-se os chapéus plásticos com a inscrição "Me beije, sou irlandês" por ovos de Páscoa nas vitrines das lojas.

Deixando de lado o ceticismo, nenhum povo organiza paradas, adora festas barulhentas e animadas ou entra no espírito dos feriados como os americanos. O feriado é uma oportunidade para exibir o patriotismo inerente aos americanos e uma congregação para reafirmar sua identidade e unidade.

PRINCIPAIS FERIADOS E CELEBRAÇÕES

Ano-Novo*	1º de janeiro
Dia de Martin Luther King Jr.*	Terceira segunda-feira de janeiro
Dia dos Namorados (Valentine's Day)	14 de fevereiro
Dia do Presidente*	Terceira segunda-feira de fevereiro
Dia de São Patrício (St. Patrick's Day)	17 de março
Sexta-Feira Santa e Segunda-Feira de Páscoa	As datas variam
Memorial Day*	Quarta segunda-feira de maio
Dia da Independência*	4 de julho
Dia do Trabalho*	Primeira segunda-feira de setembro
Dia de Colombo*	Segunda segunda-feira de outubro
Dia das Bruxas (Halloween)	31 de outubro
Dia dos Veteranos*	11 de novembro
Dia de Ação de Graças (Thanksgiving)*	Quarta quinta-feira de novembro
Natal*	25 de dezembro

* Esses dias geralmente são feriados nacionais. Se qualquer feriado em uma data fixa cair num fim de semana, a sexta-feira precedente ou a segunda-feira seguinte também será considerada dia de folga.

No Memorial Day, no Dia dos Veteranos (de guerra) e no Dia do Presidente, por exemplo, a "Old Glory", a bandeira americana, é hasteada em todos os lugares. Os feriados também marcam o ritmo das estações. O Memorial Day e o Dia do Trabalho ficam nas "pontas" do verão (o fim de semana do Dia do Trabalho geralmente é destinado às frenéticas compras de volta às aulas).

Além dos feriados nacionais, há inúmeros outros eventos que vão desde comemorações em pequenos vilarejos a festividades que se estendem pelos condados.

Desfiles de rua, geralmente encabeçados por balizas que lideram a fanfarra, mostram uma combinação peculiarmente americana que envolve individualismo, competição e cooperação em equipe.

As comunidades realizam festivais para celebrar qualquer atividade que as coloque no mapa. Praticamente todas as comidas, danças e grupos étnicos são comemorados com um festival. Festivais de polca acontecem no Norte, de bagre no Sul, e as Oktoberfests alemãs, em praticamente todos os estados!

Dia dos Namorados (Valentine's Day) — 14 de fevereiro

Os historiadores discordam sobre quem foi exatamente são Valentim, mas os primeiros cartões comerciais que o reverenciavam foram enviados no início do século XIX pela srta. Esther Howland — uma americana! O dia 14 de fevereiro se tornou um dia em que os americanos dão cartões, flores e doces para seus amados. Não é um feriado nacional, mas supera até mesmo o Natal na quantidade de correspondências. Os casais combinam um jantar romântico, e essa é a data mais comum para pedidos de casamento. Cartões e presentes também são trocados entre colegas de classe e entre pais e filhos.

Dia da Independência — 4 de julho

Esse importante feriado norte-americano celebra a Declaração de Independência dos EUA, ocorrida em 4 de julho de 1776. A América fica enfeitada com a bandeira nacional para celebrar seu aniversário. Todos os artigos, de camisetas a toalhas de mesa, são feitos nas cores vermelha, branca e azul. Familiares e amigos se reúnem em churrascos e piqueniques, num cenário de shows ao ar livre e fogos de artifício. As comidas patrióticas preferidas são cachorro quente, hambúrguer, milho cozido e torta de maçã.

Dia das Bruxas (Halloween) — 31 de outubro

No Hallowmas (a festa da véspera do Dia de Todos os Santos — originalmente o festival pagão do Samhain, ou "fim do verão") as pessoas distribuíam doces para saciar a alma dos mortos, que, segundo a lenda, vagavam pela terra durante aquela noite. Ressurgido na América moderna, o Halloween não é um feriado nacional, mas se tornou um evento extremamente comercial. As casas nos subúrbios são transformadas em casas assombradas repletas de teias de aranha, esqueletos e bruxas. As crianças se fantasiam com roupas típicas, e os adolescentes optam pelos personagens mais horrendos e sanguinários, enquanto os mais novos usam roupas de personagens de histórias em quadrinhos ou de super-heróis. Eles batem de porta em porta entoando a conhecida frase "doce ou travessura" (*trick or treat*) — pedindo doces para não aprontarem uma travessura com o dono da casa.

Se você estiver na cidade de Nova York, não perca a diversão e veja a inventiva Parada do Halloween em Greenwich Village, onde tudo acontece.

Dia de Ação de Graças (Thanksgiving) — quarta quinta-feira de novembro

O Thanksgiving é um feriado que só existe nos Estados Unidos, implantado pelos primeiros colonizadores para agradecer pelas colheitas abundantes que possibilitavam sua sobrevivência. No período de viagens mais atribulado do ano, as famílias se reúnem e preparam uma festa repleta de alimentos tradicionais indígenas, dentre os quais se destacam peru regado com molho, molho de cranberry, doces cristalizados e torta de abóbora. As novas tradições do Thanksgiving têm evoluído desde a era dos peregrinos, e a refeição geralmente acontece no intervalo entre as transmissões nacionais de TV da parada da Macy's (Nova York), pela manhã, e o jogo de

futebol universitário, à tarde (para grande desapontamento de quem vai cozinhar!).

Como a data cai sempre numa quinta-feira e as famílias podem acabar ficando longe de casa, o dia seguinte (sexta-feira) geralmente também é considerado feriado. E existe coisa melhor que passar esse feriado como se fosse um tipo de pré-estreia do Natal? A Black Friday (a sexta-feira seguinte ao Thanksgiving), dia de maior movimento do ano nos shoppings, é marcada por grandes liquidações. Já terminou de comer o peru? Então guarde lugar na fila para comprar aquele iPad de vinte dólares quando as lojas abrirem, às quatro da manhã!

Natal — 25 de dezembro

Os cristãos celebram o nascimento de Jesus Cristo em 25 de dezembro, e, para algumas pessoas, essa pode ser a única data do ano em que vão à igreja. Até os que se consideram não religiosos podem celebrar, decorando suas casas, montando a árvore de Natal e se reunindo com a família para trocar presentes e desfrutar uma refeição especial. À diferença do Dia de Ação de Graças, em que há poucas adaptações em relação à refeição tradicional, a festa de Natal é extremamente influenciada pelas tradições dos diferentes povos. Visite quatro casas vizinhas e você vai descobrir que o *pfeffernuesse* alemão, o *crostoli* italiano, o pudim de pão sulino e os cookies americanos são todos considerados sobremesas natalinas tradicionais!

Boas festas a todos!

Os visitantes de países predominantemente protestantes ou católicos podem ficar intrigados pelo cumprimento *Happy holidays* ("Boas festas"). Desde a fundação do país, e bem antes do politicamente correto, os americanos têm respeitado os vários feriados observados pelos que possuem diversas religiões, raças e etnias.

Em dezembro, por exemplo, os judeus celebram o Hanukkah, ou Festival das Luzes, com oito dias de duração, e muitos afro-americanos observam o Kwanzaa (de 26 de dezembro a 1º de janeiro), um período de reflexão e agradecimentos. As comunidades muçulmanas fazem jejum de dia e de tarde durante o mês sagrado do Ramadã. Para as igrejas ortodoxas grega e russa, a Páscoa é o período mais significativo no ano religioso. O Rosh Hashanah (o Ano-Novo judaico) e o Yom Kippur (o Dia de Reconciliação), em setembro, são as datas mais sagradas do ano judaico, enquanto a Passover, em março ou abril, é comemorada com a festividade *seder*, uma reunião familiar bastante importante.

Várias nacionalidades ou grupos étnicos podem celebrar também seus próprios feriados. O Dia da Independência do México, o Cinco de Mayo, é marcado por festas e desfiles de rua em cidades de maior porte, como Nova York e Los Angeles. O Ano-Novo chinês, no final de janeiro ou começo de fevereiro, é observado nos distritos de Chinatown em Nova York ou em San Francisco. O bairro francês de New Orleans é cenário de carros alegóricos decorados, trajes elaborados e festas que varam a noite para a comemoração do Mardi Gras (ou Fat Tuesday ["Terça-feira Gorda"], o início da Quaresma, no final de fevereiro ou começo de março). Finalmente, a Parada do Orgulho Gay, celebrada em junho, é um evento anual colorido em muitas cidades, incluindo Nova York e San Francisco.

Capítulo **Quatro**

FAZENDO AMIGOS

"Todas as pessoas que eu conheço são de outras nacionalidades", comentou Robin Williams quando representou um imigrante russo recém-chegado a Nova York em conflito com a nova cultura, no filme *Moscou em Nova York*, de 1984. O mesmo comentário foi feito sobre a Califórnia e a Flórida. E, excluindo-se os americanos nativos, isso pode ser dito da América como um todo.

Os que chegavam a esse jovem país traziam suas distintas tradições culturais de hospitalidade, seus padrões de boas maneiras, seus pontos de vista, que variavam entre o acanhamento e a ousadia. A primeira impressão que se tem da América é de que é um país muito diverso, e o visitante pode se perguntar se o surfista despreocupado das praias de Los Angeles e o fazendeiro pensativo e de fala mansa em Minnesota são da mesma espécie, que dirá da mesma nacionalidade.

Mas aquele balconista da mercearia em Nova York que solta um grunhido em resposta ao seu "obrigado" não está sendo grosseiro. Ele está apenas ocupado. E a mulher que lhe serviu seu café da manhã num hotel de Atlanta não está sendo falsa quando lhe deseja "um ótimo dia" repetidas vezes. Ela está apenas mostrando sua educação sulista. Peça ajuda ou informações a qualquer uma dessas pessoas e elas ficarão contentes em ajudar.

Assim, embora essa seja uma excelente hora para lembrar que esse assunto é tão extenso e variado como o povo americano — e este livro é obrigado a fazer muitas generalizações —, talvez você constate que, quando vai além da primeira impressão, há realmente uma coisa especial chamada...

AMIZADE, NO ESTILO AMERICANO

Os americanos podem ser as pessoas mais abertas, divertidas e amigáveis do planeta, mas o conceito deles de amizade talvez seja diferente do que você está acostumado.

O senso de dever e obrigação mútua que caracteriza os relacionamentos asiáticos não significa nada para americanos independentes. Assim, eles têm uma probabilidade muito menor de se impor sobre um amigo para buscar ajuda quando estão procurando trabalho ou para consertar o carro. A impressão que se tem é de que as pessoas estão sempre atarefadas, prestes a ir embora, e de que as amizades, de modo geral e por necessidade, também têm uma natureza transitória. A atitude é aproveitar o momento e desfrutar essa amizade enquanto ela durar. Se você recorrer a um amigo novamente após perder contato, o tempo deve ser gasto para se inteirar prazerosamente das novidades, e não para se desculpar pela falta de contato. As melhores amizades são aquelas em que não se cobra muito, isentas de culpa.

Os sorrisos afáveis, as expressões de interesse e os gestos generosos são genuínos entre os americanos. As pessoas acostumadas com a discrição própria dos europeus do Norte ou com o galanteio formal e ritualizado dos asiáticos podem pensar que fazer amigos nos EUA seja algo bastante fácil. No entanto, os recém-chegados podem ficar confusos e desapontados ao descobrir que o relacionamento pode não passar de uma cordialidade superficial.

A boa notícia é que isso indica que você pode se sentir livre para aceitar — e fazer — convites casuais. Não tem planos para o fim de semana? Não se preocupe. Você será prontamente convidado para acompanhar alguém a um jogo ou uma festa. Você vai poder relaxar e se divertir sem ter aquela sensação de que está devendo algo ou que precisa retribuir, que pesa em outras culturas.

CONHECENDO VOCÊ

Os americanos gostam de começar com tudo quando conhecem alguém. Perguntas aparentemente pessoais podem parecer invasivas para algumas culturas. Por exemplo, "Onde você se formou?" pode disparar as defesas de um inglês pertencente a determinada classe social. Mas, nos Estados Unidos, essa é apenas uma tentativa de acelerar o processo de conhecer uma pessoa, o que trabalha a seu favor. Sinta-se à vontade para fazer perguntas ou conversar sobre temas seguros, tais como esportes, família, passatempos, animais de estimação.

Embora muitos americanos sejam viajantes habituais, estes são minoria. Não fique ofendido se algum comentário sobre seu país ou cultura parecer insultante — na maior parte das vezes, trata-se de falta de informação, e uma rápida correção será muito bem aceita. E o que acontece se uma discussão focar algum assunto que você considera íntimo, tal como saúde ou política? Os americanos nem sempre entendem uma dica sutil quando estão sendo intrometidos — um comentário despretensioso e uma mudança de assunto provavelmente vão funcionar. Europeus certamente ouvirão quantos ancestrais de seu país figuram na árvore genealógica de seu anfitrião. E, quando estão conversando com britânicos, o modo repentinamente estranho de falar dos americanos provavelmente é uma tentativa de imitar sua pronúncia e só tem a intenção de ser algo divertido, não zombeteiro.

Nos dias de hoje, há poucas coisas nos Estados Unidos que efetivamente ofendem, a não ser criticar as instituições do país ou seu modo de vida — jamais um bom assunto para quebrar o gelo em qualquer cultura. Como regra universal, também é prudente evitar temas ligados a religião, dinheiro e política, mesmo se seu anfitrião não fizer isso.

O que afasta um americano? Tentativas de tomar-lhe tempo ou de se tornar dependente dele. É importante ler as dicas sociais, respeitar os limites e não exagerar no tempo de estadia.

Assim, agora que você já sabe o que o espera, como fazer para conhecer um dos 315 milhões de americanos? Como já vimos, os americanos gostam de doar, se associar e se organizar. Uma velha piada diz que, se você colocar dois britânicos numa ilha deserta, eles vão formar um comitê. Dois americanos muito provavelmente fundarão um clube para construir uma jangada, ou uma associação dedicada a sobreviventes. Eles não conseguem resistir a conversar com alguém que compartilhe das mesmas paixões, de modo que, independentemente de seus interesses profissionais ou de lazer, identifique algum clube e se envolva nele.

Uma nação de pessoas que cultivam contatos, os americanos generosamente estenderão apresentações e farão conexões para você. Mencione que você gosta de fazer caminhadas e alguém o apresentará à esposa do primo do colega de trabalho, que conhece todas as melhores trilhas. Ir a bares e festas pode ser uma opção para encontrar pessoas com os mesmos gostos, mas, mesmo que isso não dê certo, vai lhe garantir uma noite bem divertida.

Após as apresentações iniciais, normalmente se assume que você está se saindo bem ou que pode se virar sozinho. Lembre-se de que os americanos respeitam a independência e a privacidade. Se você tentar se comunicar, vai receber generosas ofertas de conselhos ou ajuda. Se uma amizade se firmar, os americanos vão tratá-lo com entusiasmo e generosidade ímpares.

Cumprimentos

O cumprimento costumeiro é *Hi. How are you?* ("Olá. Como vai?"), acompanhado de um sorriso e um aperto de mão firme. Não se espera que você forneça um relatório detalhado sobre seu estado de saúde. O apropriado é responder com *Fine. How are you?* ("Bem. E você?"), otimista e similarmente vago. Quando você for apresentado a outros convidados, diga seu nome e sobrenome, como uma forma de convite para que as pessoas continuem tratando você pelo nome. Os títulos são reservados para situações profissionais. Estudantes costumavam chamar professores, vizinhos e amigos da família pelo sobrenome — inclusive por *Sir* ("senhor") ou *Madam* ("senhora") —, mas essa prática vem perdendo força, embora ainda possa ser seguida em algumas partes do "gracioso Sul".

Espera-se que as pessoas se misturem e se apresentem umas às outras. Os americanos geralmente têm habilidades sociais refinadas e irradiam autoconfiança.

Eles são bons para lembrar o seu nome — ou o que eles pensam que seja o seu nome. Mas ninguém espera que você memorize o nome de um grupo de pessoas que acabou de conhecer. Por isso, não tenha receio de pedir que alguém o repita, se precisar. Trata-se de um truque para ajudar você a se lembrar, e geralmente é uma abertura para travar uma conversa agradável.

Vamos almoçar!

Beth, uma estrangeira recém-chegada aos EUA, estava preocupada. Todas as pessoas que conhecera encerravam a conversa com "Vamos almoçar!" (*Let's do lunch*), mas nenhuma delas reiterava o convite. Ela não cometera nenhuma gafe cultural imperdoável. A exemplo de muitos visitantes, ela interpretou de modo errado o estilo de comunicação americano, afável e aberto, como uma indicação de amizade. Seus colegas estavam demonstrando genuíno interesse e boas intenções, mas a realidade é que agendas apertadas podem impedir que as pessoas sigam no relacionamento. "Precisamos nos encontrar" (*We must get together*) talvez não seja um convite, mas um modo gentil de encerrar a conversa.

Pode entrar!

Quando um convite tiver seguimento, descontraia e aprecie. A hospitalidade americana é famosa. O jantar pode ser uma refeição formal de três pratos, num restaurante, com porcelana e talheres finos, ou no estilo self-service, servida num prato de papelão. O ambiente costuma ser informal e todos procuram cooperar. É cortês, quando convidado, perguntar se pode levar algo. Sua oferta pode ser educadamente recusada, embora se possa pedir a amigos íntimos que levem uma salada ou uma sobremesa. (Mas não vá sem nada nas mãos — uma garrafa de vinho bem escolhida ou um pequeno buquê de

flores geralmente são aceitáveis. Veja a seção "Presentes".) Num *potluck dinner*, cada convidado recebe a incumbência de preparar um prato como forma de dividir responsabilidades. (Dica de um conhecedor: oferecer-se para levar o vinho pode ser uma boa tática se para você for uma batalha preparar sequer uma salada.)

Alguns moradores de apartamentos com cozinhas minúsculas podem preferir levá-lo para jantar num restaurante. Se não ficar claro que você é o convidado, prepare-se para pagar a sua parte da conta quando ela for apresentada — seus amigos rapidamente vão esclarecer a situação. Você ainda pode se oferecer para pagar, mas, se a oferta for recusada, apenas aceite com um agradecimento.

O jantar nos feriados, como no Natal ou no Dia de Ação de Graças, é no estilo familiar, com os convidados se servindo à mesa, passando os pratos entre si. As festas

sociais são um modo popular de apresentar várias pessoas — por exemplo, pais no início do ano letivo, novos vizinhos a outros moradores, ou como uma reunião de confraternização antes de uma conferência. (Se a ocasião for "oficial", não há necessidade de levar presentes.)

Ninguém se comporta de forma cerimoniosa. A maior honra não é ser a pessoa esperada, mas se sentir incluído quando lhe falarem: *Help yourself* ("Sirva-se") ou *Make yourself at home* ("Sinta-se em casa"). O desfrute está no prazer da companhia das pessoas, e não na perfeição da comida ou do serviço.

Para um jantar formal, chegue dentro de quinze minutos da hora indicada; para uma festa, até meia hora é aceitável. Só não chegue muito cedo ou exatamente na hora. (No entanto, se você for convidado para assistir a um show ou a uma peça de teatro, é essencial chegar cedo.) Diferentemente de outros eventos sociais, os convites para coquetéis estipulam um horário para o início e o fim, que devem ser observados.

O estilo de vestimenta geralmente é o *smart casual* (casual elegante), a menos que o convite escrito estipule outra coisa. Em churrascos ou piqueniques, diminua o tom e vá de bermuda e sandálias. Se ficar indeciso, pergunte antes a seu anfitrião qual o traje adequado.

Presentes

Quando convidado para um jantar, você não vai errar se levar flores, doces ou uma garrafa de vinho (contanto que seu anfitrião beba). Se for um convidado de fim de semana, é apropriado levar uma lembrança — um pequeno objeto de decoração ou um livro. Você também pode se oferecer para levar seus anfitriões para almoçar ou jantar fora durante sua estadia, mas não se surpreenda se esses eventos não se enquadrarem na programação deles.

Capítulo **Cinco**

A CASA AMERICANA

OS DOCES LARES AMERICANOS

Na época dos pioneiros, quando o governo oferecia terras gratuitamente, diz a lenda que eles cavalgavam até o interior poeirento e cravavam uma estaca no chão para reivindicar sua propriedade. Hoje em dia, os americanos atentam para as taxas da hipoteca antes de "demarcar território" num subúrbio californiano — mas, apesar de alguns desastres econômicos recentes no mercado imobiliário, a casa própria permanece grande parte do sonho americano.

As primeiras moradias americanas refletiam o clima local e os materiais disponíveis. Os colonos espanhóis no Sudoeste (inspirados pela cultura dos índios americanos) construíram casas de adobe (barro); os moradores da região da Nova Inglaterra construíram casas triangulares com a madeira local; os abastados industriais do século XIX privilegiaram a pedra e o mármore europeus. O Sul é um paraíso da história arquitetônica. Das varandas de ferro trabalhado do bairro francês em New Orleans às mansões espanholas do Mississippi e da Georgia erigidas antes da Guerra Civil, ou os imensos ranchos texanos, cada uma dessas modalidades de moradia é um exercício de adaptação de influências étnicas importadas, em face das demandas do terreno e do modo de vida locais.

Hoje, os Estados Unidos têm sua fatia de condomínios imobiliários com casas idênticas em terrenos repletos de

benfeitorias. Sempre que possível, no entanto, os estilos das casas são expressões da individualidade norte-americana. Uma caminhada por um bairro do subúrbio pode revelar construções com colunas no estilo grego renascentista, comprimidas entre uma fazenda no estilo colonial e uma propriedade no estilo Tudor inglês. Nenhuma delas talvez tenha mais que dois anos! A atual escolha dos construtores é a "MacMansion", de dimensões gigantescas — casas dispostas em terrenos imensos que dão aos moradores espaço para se isolarem, enquanto surfam na web ou enviam mensagens pelo Twitter.

Inspirados pela sede de correr o mundo de seus predecessores, os americanos migram pelo país para fazer faculdade, trabalhar ou apenas para mudar de estilo de vida. O americano médio muda cerca de catorze vezes durante a vida. (Em comparação, a média é de apenas cinco vezes na Grã-Bretanha, e de quatro no Japão.)

No que diz respeito às tendências de migrações domésticas, a população está cada vez mais morando em regiões urbanizadas. Deixando de ser uma nação de fazendeiros, apenas 16% dos americanos vivem em regiões rurais. O Nordeste está perdendo população, enquanto os subúrbios do Sul continuam ganhando. A vida nas cidades grandes é caracterizada por extremos

econômicos. Na cidade de Nova York, por exemplo, moradias para famílias de baixa renda, subsidiadas pelo governo, e condomínios luxuosos, com valores multimilionários, coexistem em quarteirões vizinhos. As casas mais antigas consistem de *row houses* (casas geminadas) ou *brownstones* (que recebem esse nome em razão da cor da pedra local utilizada na fachada), de três a quatro pavimentos, unidas em ambos os lados. Podem ser moradias para uma única família, ou divididas em apartamentos ou estúdios menores. Alguns edifícios de apartamentos de muitos andares abrigam uma população do tamanho de um pequeno vilarejo.

Em contrapartida, os subúrbios são o baluarte dos amplos quintais e jardins, com cestas de basquete, pequenas piscinas e minivans (substituindo as peruas maiores da década de 1970). Nos estados sulinos, mais quentes, complexos de condomínios menores com instalações comuns são populares entre aposentados, pensionistas e profissionais solteiros. O aumento dos condomínios fechados reflete o desejo de segurança, praticidade e senso comunitário, o que é difícil de encontrar entre americanos que vivem viajando.

A tendência moderna de passar cada vez mais tempo livre dentro de casa, estimulada pela internet e pelos canais de TV a cabo dedicados à decoração de interiores e ao mercado imobiliário, está levando os americanos a investir mais tempo e dinheiro do que nunca em suas casas. A mentalidade do "faça-você-mesmo" tem expandido uma enorme indústria de livros, programas televisivos e lojas gigantescas de materiais de construção para os "guerreiros de fim de semana", que lotam de tralhas o bagageiro de seus SUVs. Obtém-se satisfação tanto no processo como no resultado final. Assim, uma casa que precisa de reformas se transforma na moradia dos sonhos — e então os proprietários se mudam, prontos para o próximo projeto.

Não coloque cercas

A questão da privacidade *versus* abertura é um paradoxo — particularmente no que se refere à casa americana. Terrenos ou quintais podem ser imensos, e muitos não são cercados por muros, cercas ou sebes, tão comuns em outras culturas. Na parte interna da casa, o uso de cortinas no estilo europeu, para ofuscar a visão de vizinhos "xeretas", é raro. Na mesma linha, os visitantes de primeira viagem a uma casa americana podem orgulhosamente fazer uma excursão completa por ela; nem mesmo os lavabos na entrada e as suítes são considerados áreas íntimas. Também é comum que as visitas sejam estimuladas a abrir a geladeira para se servirem de uma bebida. Todos esses fatores contribuem para dar uma impressão de abertura.

Apesar disso, os americanos valorizam o espaço pessoal e a privacidade. Uma brasileira que fosse morar nos EUA e passasse sem avisar na casa de seus vizinhos habitualmente amigáveis teria a clara impressão de que deveria ter ligado antes. Do mesmo modo, embora uma casa tipicamente suburbana tenha áreas comuns espaçosas, como cozinha e quartos, ou um pequeno escritório sem divisórias, também dispõe de um espaço privado no andar térreo. Se visitássemos um desses lares americanos à noite, provavelmente encontraríamos os membros da família dispersos, cada um vendo TV sozinho, conversando ao telefone, navegando na internet ou descansando na privacidade do próprio quarto. O "cantinho do papai", com uma televisão de tela plana gigantesca e um sofá reclinável, é uma característica de muitas mansões modernas do subúrbio.

Uma observação comum é a forma como tudo é grande nessas residências. As camas são king size, as TVs têm telas gigantescas, os hambúrgueres são imensos, os eletrodomésticos têm tamanho industrial. Os maiores sacos de pipoca ou copos de refrigerante vendidos nos cinemas podem ser de tamanho extragrande. Os armários são tão espaçosos que quase podemos passear dentro deles, e alguns carros são do tamanho de um veículo militar. Contudo, há sinais de um movimento oposto entre os motoristas, impulsionados por questões ambientais e pelo preço crescente da gasolina — os Hummers estão fora de moda; os veículos híbridos, dentro.

A MESCLA FAMILIAR

Com o que se parece uma família americana? Um mosaico que, de forma lenta mas constante, muda à medida que se alteram as atitudes e os padrões demográficos.

Os casais estão se unindo mais tarde (idade média de 28 anos para os homens e 26 para as mulheres), na maioria dos casos. Quase metade de todos os casamentos termina em divórcio, provavelmente a razão pela qual cada vez mais pessoas preferem viver juntas, sem se casar oficialmente. No Censo de 2010, pela primeira vez na história, menos de metade das famílias norte-americanas era composta de pessoas casadas, com ou sem filhos. As que tinham filhos compunham aproximadamente um quinto.

Os avanços na tecnologia médica estão possibilitando que as mulheres tenham filhos mais tarde. Mais de metade dos nascimentos oriundos de mulheres americanas com menos de 30 anos acontece fora do casamento. Um em cada três americanos é um parente "postiço", seja pai, mãe, irmão ou filho. Os casais gays podem se casar legalmente e adotar crianças em cada vez mais estados americanos.

O índice de natalidade, que havia declinado, agora se estabilizou, ao passo que a expectativa de vida tem aumentado. Estima-se que, no ano de 2030, um em cada cinco americanos terá mais de 65 anos. Isso significa que a geração X tem de cuidar e planejar simultaneamente no tocante a seus pais e filhos.

Nas famílias com dois pais, a igualdade entre os sexos já atingiu a sala de reuniões — e a cozinha. O número de casais em que os dois trabalham é três vezes maior que a combinação "provedor/dona de casa", e, no último caso, essa dona de casa provavelmente é cada vez mais um pai que fica o dia inteiro em casa.

Apesar dessas tendências, as pesquisas mostram que a maioria dos americanos ainda considera que a família é a base, o ideal da sociedade. Assim, como a sociedade tem lidado com as gigantescas mudanças do século XX? Os americanos estão conseguindo vencer esse desafio com a tolerância, a adaptabilidade e os recursos habituais. Soluções criativas envolvendo alianças com avós, padrastos, madrastas, babás, pais e mães solteiras fazem funcionar situações familiares complexas. Dados estatísticos apontam que, devido à combinação de famílias menores e dispositivos poupadores de trabalho, ainda que pais que trabalham fora possam ser acometidos de culpa, eles de fato possuem mais tempo disponível para passar com os filhos do que quaisquer gerações anteriores. Mas, concentradas em videogames e em atividades de redes sociais, as crianças talvez não notem isso.

A CRIAÇÃO NOS EUA

Turistas vindos de países em que as crianças são educadas para ser vistas e não ouvidas podem ficar chocados com a quantidade de consultas e negociações entre os pais americanos e seus filhos. A família norte-americana é uma democracia. Crianças relativamente pequenas são incluídas nas decisões familiares — desde a escolha dos hambúrgueres ou do macarrão para o almoço até o destino das férias, entre a Flórida ou a Califórnia. Os jovens americanos geralmente impõem o que comem, vestem e como vão passar o tempo muito mais precocemente que os de outras sociedades.

Todos têm o direito de ser ouvidos, independentemente da idade. Isso significa que os pais podem ser interrompidos e que a afirmação de um professor pode ser desafiada. Esse comportamento seria considerado desrespeitoso numa sociedade hierárquica. Para os individualistas americanos, trata-se simplesmente de os jovens expressarem suas opiniões, serem aprendizes ativos e exercerem seus direitos. Figuras de autoridade não merecem deferência automática, mas devem ganhar respeito por suas ações. Os professores não devem ser colocados num pedestal, mas, preferencialmente, ser parceiros na aprendizagem. Os pais devem ser capazes de responder à pergunta "mas por quê?" de forma racional. No que tange à disciplina, reprimir fisicamente uma criança com uma palmada é visto com muito desagrado. Os pais estimulam os filhos a resolver por si sós as desavenças com os colegas. Eles lhes ensinam: "Procurem argumentar".

Tanto o sistema educacional como a vida caseira instilam os valores de independência, autoconfiança e autoexpressão. Esse espírito é exibido inicialmente no jardim de infância, nas apresentações do tipo "mostre e conte", por meio das quais as crianças ganham confiança e autoestima ao discorrerem sobre um interesse ou uma realização para os colegas de classe. Em vez de um aprendizado adquirido pela repetição, a ênfase está em ensinar às crianças a autossuficiência educacional, por meio de competências de pesquisa, análise e solução de problemas. Uma porcentagem da grade curricular, do primeiro ano até a faculdade, é baseada na participação em aula, premiando os alunos que se expressarem abertamente e tirarem boas notas.

Aprende-se a ser independente numa série de etapas, à medida que a responsabilidade é gradualmente concedida. As crianças, desde os 6 anos, já podem dormir na casa dos amiguinhos. Escolas e organizações cívicas e privadas fornecem muitas atividades externas. O sinal definitivo de independência é tirar a carteira de motorista. Em muitos estados, os adolescentes podem dirigir aos 16 ou 17 anos. Dirigir um carro é considerado tão importante que muitas escolas oferecem aulas de educação de motoristas.

Os estrangeiros que julgam a sociedade americana com base em imagens veiculadas pela mídia podem ser críticos sobre o grau de liberdade dado aos jovens. A filosofia é dar poderes ao indivíduo, preparando-o com informações práticas e senso de responsabilidade moral. Em vez de proteger os filhos do mundo, essa metodologia permite que eles assumam riscos. O maior aprendizado, afinal de contas, surge com os erros das pessoas.

As escolas fazem sua parte, geralmente proporcionando um programa de educação abrangente que incorpora responsabilidade civil. Na esteira dos tiroteios trágicos em escolas e faculdades, de modo geral perpetrados por jovens, digamos, "desajustados", foco recente tem recaído no aumento da sensibilidade em relação ao bullying, à pressão do grupo e às "panelinhas" das escolas de ensino médio, em que nerds, góticos e atletas são subculturas expressivas. Infelizmente, as redes sociais agora permitem promover o cyberbullying a uma atividade que dura o dia inteiro. Todas as crianças têm um smartphone equipado com câmera para compartilhar instantaneamente com o mundo os momentos de constrangimento passados por seus colegas de escola.

Alcançando os padrões exigidos

De modo geral, os americanos assumem que seu jeito é o jeito do mundo. (E com frequência estão certos.) Assim, se você perguntar qual a idade de uma criança, provavelmente receberá como resposta a série em que ela está no sistema educacional norte-americano, que não é o "grau alfabético" determinado pela pontuação obtida com os feitos escolares. Isso fica ainda mais confuso quando a resposta revela que o adolescente é um estudante *sophomore* (do segundo ano do ensino médio) ou *junior* (do penúltimo ano do ensino médio).

Como regra prática, acrescente cinco à série para obter a idade aproximada da criança. (Mas, ocasionalmente, você talvez ouça sobre alguém que foi "retido numa série" — forçado a repetir um ano — para melhorar o desempenho acadêmico.) Veja na página seguinte um guia básico das séries.

O ENSINO

A exemplo de muitos outros aspectos da vida americana, as pessoas se recusam a deixar que o governo controle a educação. Famílias de estrangeiros frequentemente ficam chocadas ao descobrir que não há um sistema educacional nacional. A maioria do financiamento das escolas é de nível estadual, e cada distrito tem um comitê de ensino eleito para definir o currículo e controlar a administração. Os padrões variam tanto que a qualidade do ensino local geralmente determina em que cidades as famílias escolhem viver. As diretorias das escolas podem, ocasionalmente, ser controladas por um grupo com interesses, tais como forçar a entrada da teoria do design inteligente na grade curricular ou banir

SÉRIE	IDADE DA CRIANÇA NO INÍCIO DO ANO LÉTIVO
ELEMENTARY SCHOOL	
Jardim de infância	5
Primeira	6
Segunda	7
Terceira	8
Quarta	9
Quinta	10
MIDDLE SCHOOL	
Sexta	11
Sétima	12
Oitava	13
HIGH SCHOOL	
Nona ou *freshman**	14
Décima ou *sophomore**	15
Décima primeira ou *junior**	16
Décima segunda ou *senior**	17

* Esses termos são usados também para os quatro anos da faculdade. O estudante pode iniciá-la aos 18 anos, mas alguns fazem uma pausa de um ou dois anos nos estudos entre a escola e a faculdade.

certos livros da biblioteca. Ainda hoje, clássicos americanos como *As aventuras de Huckleberry Finn* ou *O sol é para todos* recebem críticas pelo conteúdo racial, e alguns comitês acreditam que a série Harry Potter promove a bruxaria.

Embora a grande maioria das crianças frequente escolas públicas (administradas pelo governo), muitos pais buscam alternativas, tais como escolas independentes (privadas) ou o ensino domiciliar. Há também escolas com afiliações religiosas, tais como escolas paroquiais católicas ou judaicas, em que os estudantes podem receber instrução religiosa, proibida em escolas públicas.

As atividades extracurriculares são consideradas parte integral do ensino geral de uma criança. Através da participação em atividades musicais, esportivas, científicas, artísticas e de serviços comunitários, as crianças ampliam seus horizontes e aprendem novas habilidades.

Similarmente, a ética do trabalho é estimulada desde cedo. Com aquele primeiro quiosque de limonada no acostamento da estrada, crianças americanas de todas as classes sociais obtêm o gosto pela independência financeira. Isso, de modo geral, se inicia com elas executando tarefas domésticas simples em troca de uma mesada (dinheiro miúdo), continua na forma de empregos simples, como entregador de jornais ou babá, e progride até um trabalho de fim de semana numa loja ou restaurante local.

Alguns alegam que todas essas atividades geram famílias estressadas e crianças que não têm tempo para nada. No entanto, as crianças americanas parecem prosperar se mantidas ocupadas e, de modo geral, são bem preparadas para atender às demandas e às responsabilidades da vida adulta.

Ensino superior

Uma combinação entre empréstimos governamentais, bolsas de estudos e subvenções, além de vários meios de apoio prático, estimula alunos de todas as camadas sociais a continuar os estudos. De fato, a América exibe a proporção mais alta de alunos no ensino superior se comparada a qualquer outro país. Em 2008, metade dos jovens com idade entre 18 e 19 anos cursava uma faculdade. Em 2010, 40% dos adultos com mais de 25 anos tinham um diploma de graduação (título de bacharel ou o obtido em cursos universitários de dois anos), enquanto 10,5% tinham títulos de pós-graduação — mestrado, doutorado etc.

O sistema atenta muito mais para a amplitude do que para a profundidade da educação, e os alunos escolhem um campo de estudos principal no terceiro ano da faculdade, com duração de quatro anos.

> ### *DE VOLTA À ESCOLA*
> Os termos *college, university* e *school* são usados de forma um tanto intercambiável para designar faculdade e universidade.

O ensino americano também é caracterizado pela flexibilidade — os créditos de cursos obtidos podem ser trocados em uma faculdade diferente ou aplicados em uma matéria totalmente diversa.

Assim, por que um país que gasta mais em educação do que a maioria das nações industrializadas não é o primeiro nos rankings mundiais de pontuação acadêmica? A resposta pode estar em sua heterogeneidade e nos números avassaladores que permeiam o sistema. Os educadores também assinalam que a real especialização nos EUA somente é esperada no nível da pós-graduação. A América é o berço de muitas das mais renomadas universidades do mundo, em que é preciso mais dois ou três anos para a obtenção do título de mestrado e até oito anos para o de doutorado.

Quando cerca de metade da população tem um diploma de ensino superior, exige-se alguma diferenciação posterior. Esse é o ponto em que entra em ação o status da universidade em que o título foi obtido. Um diploma de uma das oito universidades (privadas) da Ivy League pode ser considerado um passaporte para o futuro. Mas muitas outras instituições de ensino também exibem alto prestígio, e os americanos se referem com orgulho às faculdades que cursaram, talvez pressupondo que sua reputação e "personalidade" sejam amplamente conhecidas (muito embora o visitante estrangeiro possa ter ouvido falar somente de Harvard e Yale).

Outra característica distintiva do sistema de ensino norte-americano é o alto custo. Das 4.495 instituições de ensino superior existentes nos Estados Unidos, aproximadamente metade é privada (em oposição às universidades "públicas" mantidas pelo Estado, muitas das quais ostentam reputação excepcional). A busca de excelência tem um custo. De acordo com números oficiais, um curso com "orçamento moderado" numa universidade pública em 2012 custava cerca de 21 mil dólares ao ano (anuidade, taxas, despesas de subsistência e transporte), elevando-se para cerca de 42 mil dólares ao ano numa faculdade privada. Isso explica por que muitas famílias começam a poupar dinheiro para a faculdade antes mesmo de os filhos começarem a falar. Muitos estudantes precisam se sustentar sozinhos, trabalhando enquanto fazem faculdade ou obtendo um empréstimo estudantil. Isso indica que muitos conseguem um diploma — e uma carga pesada de dívidas.

O COTIDIANO

Da mesma forma que há muitas estruturas familiares, também há empregos novos e flexíveis. Para alguns, a ida diária ao trabalho envolve pelo menos uma hora presos no trânsito. Para os que trabalham no computador em casa, significa desviar dos brinquedos das crianças para ir da cozinha até o escritório. Empresas ávidas pela retenção de funcionários de alto desempenho oferecem facilidades para o cuidado com crianças no próprio local de trabalho, horários flexíveis, licença-paternidade e a opção de trabalhar em casa.

Enquanto cerca de 60% das mulheres trabalham fora — compondo praticamente metade da força de trabalho —, aquelas que optam por ser donas de casa provavelmente seguirão igualmente ocupadas na execução de diversas tarefas domésticas, envolvidas em voluntariado junto às comunidades, cursos extras, práticas de exercícios, projetos de reforma das próprias residências e em inúmeras outras atividades.

As refeições, de modo geral, são feitas no meio dessas atividades — em cima da mesa do computador, no carro ou na frente da TV. A hora do jantar pode ser a única oportunidade para as famílias se reunirem e se inteirarem dos acontecimentos diários. As conversas podem abordar desde notícias internacionais até a situação do projeto de reforma em andamento. Pode-se pedir comida por telefone, de casas chinesas ou italianas, descongelar pratos semiprontos ou fazê-los na hora.

O tempo é precioso, há muitas tarefas para fazer no dia a dia, e as interrupções são indesejadas. Os amigos e familiares ligam primeiro antes de fazer visitas. As ligações telefônicas podem ser filtradas por identificadores de chamada ou atendidas pela secretária eletrônica — desse modo, as pessoas podem retornar as ligações de acordo com sua conveniência e evitar as famigeradas ligações de telemarketing que anunciam produtos e serviços durante o horário do jantar. Uma vez que os e-mails, as mensagens de texto e de voz ofuscam ainda mais a linha entre tempo de trabalho e de lazer, as noites geralmente são passadas no telefone ou no computador, ou para descobrir o que precisa ser adicionado à lista de tarefas do dia seguinte. Redes wi-fi e smartphones com acesso à internet liberam cada membro da família de ficar preso à única linha telefônica da residência.

Por conveniência, as compras de produtos alimentícios básicos geralmente são feitas enchendo-se os carrinhos semanalmente nos supermercados de maior porte. O visitante ficará espantado com a grande quantidade de opções, com prateleiras inteiras dedicadas a cereais para o café da manhã ou molhos para massas. Os horários das lojas variam enormemente. As menores funcionam das 9 às 18 horas. Os supermercados nos subúrbios geralmente ficam abertos até as 20 ou 21 horas. Algumas lojas de conveniência (geralmente ao lado de postos de gasolina) ficam abertas até a meia-noite. Nas grandes cidades, delicatéssen e alguns supermercados funcionam ininterruptamente, todos os dias da semana.

Capítulo **Seis**

ENTRETENIMENTO

Os americanos trabalham e se divertem bastante. Eles podem trocar o escritório pela academia ou jardinagem, mas aproveitam o tempo de lazer com a mesma energia e tenacidade que aplicam ao dia de trabalho. O lema "Graças a Deus é sexta-feira" (*Thank God it's Friday*) significa aproveitar os fins de semana o máximo possível.

Um retrato instantâneo de uma manhã de sábado típica nos subúrbios revela a lavagem de carros, o aparo e o corte de gramados e vários outros projetos caseiros. As imagens da mídia podem retratar os americanos como pessoas preguiçosas e sedentárias, que ficam sentadas no sofá assistindo à TV, ou atletas radicais com roupas de lycra, mas a maior parte deles está confortavelmente na média. O parque de diversões dos americanos é sair para apreciar a natureza. Até os *workaholics* (viciados em trabalho) conseguem tempo para jogar golfe, fazer caminhadas, andar de bicicleta ou esquiar. Excelentes instalações comunitárias e programas subsidiados significam que, comparativamente com outros países, uma ampla gama de atividades recreativas está acessível a grande parte das pessoas. Nas áreas urbanas, há mercados de produtos agrícolas para visitar, vendas de objetos em garagens, lojas de antiguidades para explorar e excursões para organizar.

Para uma nação de individualistas, os americanos também gostam de "se associar a algo". Oito entre dez pessoas pertencem a pelo menos um clube. Pode ser um grupo cívico, como o Rotary Club ou o Lions, um grupo de interesse especial ou um clube esportivo. Se um adolescente joga beisebol na Liga Infantil, o pai (ou a mãe) pode ser seu técnico ou simplesmente se deleitar com os jogos do filho.

FÉRIAS

Muitos americanos tiram somente duas semanas de férias ao ano. Esse período pode ser complementado por escapadas em fins de semana prolongados, inseridos entre os feriados nacionais, mas ainda significa que mesmo as férias são desfrutadas num ritmo frenético. Por outro lado, as férias escolares de verão têm sempre a duração de dez a doze semanas, uma tradição que se originou da necessidade de as crianças ajudarem nos trabalhos das fazendas. São raros os adolescentes que têm de lidar com colheitas nos dias de hoje, de modo que os pais que trabalham ficam gratos pela variedade de atividades e programas locais, entre eles os acampamentos em lugares remotos, que mantêm seus filhos ocupados, além de desenvolver a independência.

COMPRAR ATÉ CANSAR

Os americanos sempre adoraram fazer compras. Como essa característica responde pelos níveis assombrosos de consumismo nos Estados Unidos? Trata-se do fruto merecido do trabalho das pessoas ou de uma demonstração de superioridade econômica em uma sociedade sem classes? Pode ser também simplesmente porque os bens de consumo são tão baratos que faz mais sentido trocar aquele secador de cabelo queimado do que tentar consertá-lo, levando à percepção de uma sociedade descartável. As tendências transitórias, que refletem o desejo por constantes mudanças, indicam que um americano compra o look de hoje e o substitui em alguns meses.

Muitos itens considerados de luxo em outros países são, nos Estados Unidos, julgados essenciais para a manutenção do estilo de vida. O segundo carro proporciona o transporte até o trabalho. Aparelhos de TV e computadores nos quartos significam os membros da família têm liberdade de escolha. Todos têm que ter um laptop, um smartphone e um tablet.

A combinação entre o alto custo da mão de obra e o desejo de privacidade leva as pessoas a investir em equipamentos poupadores de trabalho para as tarefas domésticas. Estes, por sua vez, liberam tempo e energia para buscas mais valiosas. Os americanos sabem que sempre haverá um meio de pagar. O "dinheiro de plástico" (cartão de crédito) não tem o mesmo estigma observado em outras sociedades.

Fazer compras é fácil. Guarde o recibo para uma eventual troca do produto ou para conseguir o reembolso, sem qualquer tipo de contestação por parte do comerciante. Antes de contar o troco exato recebido, lembre-se de que, na maioria dos estados, há adição de imposto sobre a venda em muitos produtos (o mais alto é 7,25% na Califórnia, chegando até a completa isenção em Delaware, Montana, New Hampshire e Oregon). Há liquidações nas lojas de departamento praticamente em todos os fins de semana que caem em feriado.

O shopping center é o lugar onde tudo acontece no subúrbio. Nesses locais, as famílias fazem compras, lancham e vão ao cinema. Alguns adolescentes trabalham em regime de meio período em suas lojas, ou simplesmente se reúnem ali como passatempo. É comum ver idosos fazendo caminhadas vigorosas pelas muitas alamedas e corredores, com a segurança que é oferecida nesses estabelecimentos.

Formas de pagamento

Os *travelers' checks* geralmente são aceitos em lojas e hotéis e reembolsados se perdidos ou roubados. Caixas automáticos (ATMs) são encontrados em praticamente todos os lugares, e a maioria aceita cartões bancários emitidos no exterior. Cartões de crédito são essenciais para fazer reservas em hotéis ou para alugar um carro, sendo Visa e Mastercard as bandeiras mais aceitas. Até os táxis nova-iorquinos aceitam cartões de crédito, embora talvez você precise de dinheiro para pagar corridas de táxi em outras cidades. Os moradores locais estão começando a pagar com um simples movimento do smartphone.

ESPORTES: JOGUE BOLA!

Os esportes nos Estados Unidos têm a ver com meninos e meninas de 7 anos que aprendem a ter espírito de equipe com o(a) técnico(a) do time da Liga Infantil da vizinhança. Eles também são tratados como um grande negócio. As principais universidades competem pela proeminência esportiva assim como pelos feitos acadêmicos. São enviados "olheiros" para observar alunos promissores do ensino médio, a quem podem ser oferecidas bolsas esportivas com valores de até milhares de dólares. No nível profissional, os salários dos jogadores chegam à estratosfera. As linhas entre o esporte e os negócios se confundem à medida que a linguagem competitiva do esporte e o jargão dos negócios se tornam cada vez mais intercambiáveis. Os jogadores que recebem a distinção de participar do Hall da Fama esportivo são reverenciados durante toda a vida e são tão famosos nos Estados Unidos como os astros ou as estrelas de cinema.

Para um país que gera jogadores de esportes individuais tão sensacionais, a América não se sai muito bem em certos eventos com equipes internacionais, como nas copas mundiais de futebol, rúgbi ou críquete. Qual a razão? Simplesmente não há nenhuma tradição nesses esportes, portanto o número de seguidores ou jogadores é muito pequeno, a não ser que você seja um imigrante recente. A América prefere seus esportes domésticos e toda a nostalgia, os rituais e os entretenimentos paralelos que os acompanham.

Praticamente não se faz nenhum trabalho nas empresas até que sejam divulgadas as análises pós-jogos das partidas de futebol americano nas manhãs de segunda-feira. No nível universitário ou profissional, nos estádios ou na TV, os três principais esportes norte-americanos — basquete, futebol e beisebol — atraem números impressionantes de fãs. O hóquei (na América é sempre no gelo) e a Nascar — corrida de stock cars — vêm em seguida na popularidade. Os americanos podem se desviar de suas raízes, mas sempre se mantêm fiéis às equipes esportivas de sua cidade natal.

As regras de cada jogo são complexas demais para ser explicadas neste livro. No entanto, o americano louco por esportes vai ficar muito feliz se puder lhe explicar as complexidades do jogo no próprio campo de beisebol ou num bar dedicado a esportes.

Beisebol
Esse esporte é carinhosamente referido como o "passatempo nacional". Ele também é descrito como a modalidade esportiva mais democrática, jogada por

homens de todas as alturas e
pesos. Os uniformes, alguns com
listras distintivas, não conseguem
dissimular uma ou outra barriga
indesejada, mas não tente dizer
aos americanos que seus "garotos
do verão" não são atletas.

As equipes da Major League
(Liga Principal) — os *majors*
— são divididas em duas ligas, com catorze times na Liga
Americana e dezesseis na Liga Nacional. Durante a
temporada — que vai de abril a outubro — eles competem
dentro de suas ligas; depois, em jogos "pós-temporada", os
times com as melhores pontuações competem pelo
campeonato — ou a "flâmula" — da liga. Os dois
vencedores de cada liga se encontram em seguida na série
final, denominada World Series (Série Mundial), com sete
jogos. (*Mundial?* Bem, há um time canadense entre os
principais — o Toronto Blue Jays.)

O beisebol evoca mais nostalgia que qualquer outro
esporte. Pergunte a um torcedor do time do Brooklyn
sobre o trauma de sua juventude quando informado que
seu amado Dodgers estava se mudando para Los Angeles.
Para os espectadores, o beisebol é um esporte participativo,
pontuado por tradições, como a "pausa da sétima entrada"
(*seventh inning stretch*), o entoar do "Take Me Out to the
Ball Game" — uma espécie de hino não oficial do esporte
— e o consumo de cerveja, *pretzels* e pipoca doce.

Basquete

Esse esporte foi criado em 1891, quando James Naismith,
um pastor em busca de um novo jogo para jovens
animados da Associação Cristã de Moços (YMCA),
pregou um cesto de pêssego no muro de um ginásio.
Hoje, é a única modalidade esportiva norte-americana
que foi exportada com sucesso mundo afora. Os visitantes

podem ouvir o som do quicar de uma bola de basquete por todos os lugares dos Estados Unidos. Amigos praticam em quadras públicas, enquanto adolescentes treinam arremessos nas entradas das casas suburbanas e guardam o sonho de se tornar o próximo Michael Jordan.

A Associação Nacional de Basquete (NBA) foi fundada em 1949. A temporada vai de setembro a abril. Há trinta times profissionais, divididos em duas "conferências". As partidas eliminatórias são disputadas em abril e maio, quando os oito melhores times de cada grupo disputam o campeonato da conferência e, em seguida, os dois vitoriosos fazem a grande final no NBA World Championship (Campeonato Mundial da NBA), em junho. (*Mundial?* Sim, há um time de basquete canadense também nessa liga.)

A Associação Atlética Universitária Nacional (NCAA) encerra 270 times e tem seguidores apaixonados, que rivalizam com os da liga profissional. O auge da temporada universitária é o torneio March Madness (Loucura de Março).

Futebol americano

O futebol americano foi adaptado do jogo inglês de rúgbi. Praticado inicialmente entre universitários, no final do século XIX, era considerado um esporte tão bruto que o presidente Theodore Roosevelt insistiu para que o jogo se tornasse mais seguro. Hoje, apesar das armaduras completas, com capacetes e protetores para o corpo, o jogo derivou muito mais para a velocidade e a estratégia do que para a força.

A Liga Nacional de Futebol (NFL) divide seus 32 times em duas "conferências". A temporada com dezesseis jogos geralmente vai de setembro a dezembro, e os seis melhores times de cada conferência em seguida tomam parte das eliminatórias, em janeiro, com os dois finalistas lutando pela supremacia no Super Bowl. (Nada de "Mundial"? Não, pois não há nenhum time canadense.)

O Super Bowl Sunday, realizado no fim de janeiro ou começo de fevereiro, é sem dúvida o destaque esportivo do ano. A final do campeonato alcança os maiores índices de audiência televisiva, tanto pelos bem-humorados comerciais de cerveja como pelas extravagâncias no intervalo e na própria partida. A nação literalmente para, os amigos se reúnem e as vendas de batatas fritas e salgadinhos disparam.

Os destaques da temporada de outono do futebol universitário recaem também nos vários jogos disputados entre os campeões das diferentes ligas universitárias — sendo o Rose Bowl, em Pasadena, o maior evento de todos.

JETS, METS OU NETS?

No beisebol, no basquete e no futebol americano (e também no hóquei), os nomes dos times incluem seus domicílios atuais — por exemplo, Miami Heat, da NBA, e Dallas Cowboys, da NFL —, mas os aficionados por esportes e os narradores tendem a abandonar as localidades e apenas citar "os Braves", "os Lakers" ou "os Patriots". Assim, se você ficar numa cidade durante algum tempo, é aconselhável aprender quais são os times locais. Por exemplo, Detroit abriga os Tigers para o beisebol, os Pistons para o basquete, os Lions para o futebol e os Red Wings para o hóquei. Você teria mais trabalho em Nova York, que tem dois times em cada modalidade esportiva. (Três desses oito times estão identificados no título deste boxe.)

Para complicar, os placares mostram apenas o nome da cidade. E alguns times escolhem outros apelidos — no beisebol, o New York Yankees, ou Yanks, também é conhecido como Bronx Bombers, e o Oakland Athletics é sempre o A's.

Futebol

O futebol é popular como um esporte participativo, particularmente entre as crianças, mas não consegue encher estádios no nível profissional, apesar de os Estados Unidos terem sediado a Copa do Mundo de 1994 e vencido a Copa do Mundo de futebol feminino em 1999.

OUTROS DESTAQUES DO CALENDÁRIO ESPORTIVO

Liga Nacional de Hóquei no Gelo — a temporada começa em outubro e termina no fim de maio/começo de junho, quando há a disputa da Stanley Cup

US Open Golf — meados de junho

Torneio Aberto de Tênis dos EUA (US Open Tennis) — fim de agosto/início de setembro

Kentucky Derby (corrida de cavalos) — primeiro sábado de maio

Nascar (corrida de stock cars) — incluindo as Quinhentas Milhas de Daytona (fevereiro) e de Indianápolis (maio)

COMER FORA

Os americanos inventam qualquer desculpa para comer fora — para se socializarem, por conveniência ou simplesmente pelo excelente custo-benefício oferecido pelos imensos cafés da manhã, pelos especiais matutinos ou pelos bufês em que a clientela pode se servir quantas vezes quiser a um preço fixo.

Com exceção do fast-food, é difícil pensar num prato nacional americano, embora a culinária do conforto, ou emocional, como a *chicken pot pie* (torta de frango), o *mac and cheese* (macarrão com queijo) e o *meatloaf* (bolo de carne), provavelmente chegue perto. Muitas receitas populares foram americanizadas com base na culinária dos imigrantes.

Pode-se encontrar a comida americana mais autêntica em restaurantes regionais, e com os nomes mais intrigantes: *bear claw, popover, jerky, gumbo*. A cozinha sulista é influenciada por suas raízes francesas, afro-americanas e mexicanas. A comida *soul* inclui filé de frango frito, biscoitos com molho de carne, cozido de pernil e folhas de couve. A Louisiana é o berço da culinária *creole* e *cajun*.

Os pratos favoritos são bisque de lagostins, bagre assado e jambalaia (arroz com presunto, linguiça e camarão). As *enchiladas*, os *burritos*, as *fajitas* e as *salsas* mexicanas foram adotados com entusiasmo ao norte da fronteira.

No Centro-Oeste americano, alguns dos produtos importados da Europa são as ovas de peixe escandinavas, os *pierogis* poloneses e o *bratwurst* alemão. No Nordeste, comidas de diferentes grupos étnicos se tornaram pratos populares. Nas barracas das feiras públicas de Nova York, vendem-se *knishes* judeus, tortas de espinafre gregas, canelones e *zitis* italianos. Essa região ainda oferece o melhor da culinária indígena — xarope de bordo, carne de peru, milho, abóbora —, sem deixar de mencionar a excelente lagosta e os bolinhos de siri de Baltimore, da mais alta qualidade.

No outro extremo do país, o leste se encontra com o oeste para criar a cozinha *fusion* — salmão do Pacífico servido sobre *salsa* mexicana, ou bife de Montana na *wok* com macarrão asiático e legumes.

Até para refeições simples, como um desjejum ou um lanche rápido, as decisões a ser tomadas no momento do pedido podem parecer intermináveis. Você prefere leite com 1% ou 2% de gordura no café? Ou talvez leite de soja, creme de leite ou *half and half* (metade leite, metade creme). Ademais, há dez modos diferentes de preparar ovos, uma variedade impressionante de pães para sanduíches e uma lista enorme de molhos de salada para escolher. Pode parecer redundante pedir xarope de bordo light para acompanhar aquela montanha de panquecas, mas as pessoas o fazem mesmo assim.

Competições de churrasco
Cookout é simplesmente um nome alternativo para *barbecue* (churrasco). *Cook-off*, por outro lado, é uma competição anual em que participam chefes do Texas, da Carolina do Sul e do Kentucky, que desejam afirmar a supremacia de seu estado nas disputas de churrasco.

Fritas acompanham?
Um aspecto da vida norte-americana que não precisa de nenhuma explicação é o fast-food — o hambúrguer e seus acompanhamentos. Você já os viu em sua cidade natal. Não há muita diferença na terra deles, e essa é uma diretriz corporativa deliberada.

Contudo, à medida que os americanos são estimulados a aumentar o tamanho de seus lanches pré-preparados (e,

de modo geral, do café da manhã e do jantar), também estão aumentando o próprio tamanho. Aqueles lanches baratos, convenientes, com ingredientes de baixo custo, baixo teor nutritivo, alto índice de gordura e extremamente calóricos provocaram o nascimento de uma sociedade em que a obesidade é um problema grave de saúde, embora para isso contribuam outras "atividades" que não envolvem levantar do sofá e um leque enorme de bebidas que não passam de soluções açucaradas. Os índices de obesidade entre as crianças triplicaram em uma geração.

A primeira-dama Michelle Obama é apenas uma das muitas personalidades públicas que vêm encorajando os americanos a se alimentar de forma saudável e a perder peso.

Cultura do café

Os americanos sempre preferiram o café ao chá, mas os créditos por alçar o simples ato de pedir uma xícara de café a um tópico de nível universitário devem ir para uma certa rede de Seattle. Muitas pessoas usam as lojas locais da Starbucks ou a de seus imitadores como "escritórios virtuais", para a condução de reuniões ou entrevistas — inclusive acoplando seus laptops próximos a seus copos de café com leite.

Apreciadores de chá, cuidado!

Se você pedir um chá em qualquer lugar, exceto nos estabelecimentos mais sofisticados, eles lhe servirão sem cerimônia um copo de água quente (mas não próximo do ponto de fervura) com um saquinho de chá e um misturador de plástico, além de um ou dois sachês de *half and half* — isto é, a menos que você esteja na região Sul, caso em que lhe perguntarão se você deseja *sweet tea* (chá doce), ou seja, chá gelado com açúcar. (Dica: em nenhum estabelecimento essa água "quente" é quente o suficiente para um chá preto, mas pode ser usada para preparar um chá verde.)

A saideira!

Os bares americanos assumem muitas formas, mas não são, via de regra, semelhantes aos cafés onde famílias costumam se reunir ou aos pubs britânicos. Os anúncios norte-americanos podem declarar que a água das montanhas Rochosas confere à cerveja um sabor distintivo, mas os visitantes geralmente alegam que eles exageram um pouco essas características, o que torna a cerveja americana mais fraca que suas congêneres europeias. Para os conhecedores de cerveja, no entanto, há amplas opções na vasta faixa de microcervejarias e de garrafas importadas.

E, certamente, os solos da Califórnia e do Oregon produzem vinhos de altíssima qualidade. Muitos bares oferecem happy hour no início da noite, com descontos expressivos nas bebidas. É comum deixar uma pequena gorjeta (um dólar) para o(a) atendente do bar a cada rodada de bebidas.

As leis que regulamentam a venda de bebidas alcoólicas variam de estado para estado. Na maioria deles, a idade mínima para beber é de 21 anos, e, antes de entrar nos estabelecimentos onde são vendidas bebidas, pede-se aos clientes que apresentem a carteira de identidade com foto (geralmente a carta de motorista) para comprovar a data de nascimento.

GARÇOM!

Straight up — sem água nem gelo

On the rocks — com gelo

With a twist — com um pedaço de limão

Salt or not salt around the rim — quando pedir uma margarita, diga se prefere com ou sem sal na borda da taça

---

Etiqueta em jantares

Há poucas e rápidas regras de etiqueta nos jantares nessa cultura descontraída. Quando um grupo de amigos se reúne para jantar, normalmente cada um paga a sua parte na conta. Não se esqueça de acrescentar uma gorjeta de pelo menos 15% (veja página 108).

Os americanos normalmente cortam os alimentos com a faca na mão direita, depois trocam a faca e o garfo de mãos. A faca é apoiada no prato, e o alimento cortado é degustado com o garfo na mão direita.

Há vários alimentos que são comidos com as mãos — por exemplo, frango frito, batatas fritas, hambúrgueres e tacos. Provavelmente seja por isso que os guardanapos são utilizados até nas refeições mais informais. As porções são enormes, e, em todos os restaurantes, a não ser nos mais sofisticados, é aceitável pedir que as sobras de comida sejam embrulhadas para viagem. (Peça uma *doggie bag*; nos tempos modernos, ninguém nem tenta fingir que o risoto de frutos de mar é realmente para o cãozinho de estimação.)

OS PEDIDOS

A la mode — Uma bola de sorvete adicionada à torta.
PBJ — Sanduíche de pasta de amendoim e geleia (*peanut butter & jelly*). Um favorito na América. (Geralmente, a geleia é de uva.)
BLT — Sanduíche de bacon, folhas de alface e tomate (*bacon, lettuce & tomato*).
Hero — Bisnaga de pão (com cerca de trinta centímetros) super-recheada. (Alternativamente, *sub*, redução de submarino.)
Soda — Termo genérico para qualquer refrigerante, como Coca-Cola ou Seven-Up. *Club soda*, no entanto, é água carbonatada, assim como *seltzer*. (A diferença? *Club soda* contém sal.)
Sunny-side up — Ovo frito com a gema mole.
Once over easy — Ovo frito dos dois lados.

A erva daninha

Os bares de jazz enfumaçados são coisa do passado. O fumo foi banido dentro de cinemas, teatros, ônibus, trens e aviões alguns anos atrás, e hoje praticamente metade de todos os americanos vive numa cidade em que é proibido fumar no local de trabalho, nos bares ou nos restaurantes. (A maior parte dos americanos vive em localidades onde pelo menos uma dessas proibições é aplicável.) Aplicam-se leis estaduais, com variações e emendas das comunidades. Se você é fumante, é aconselhável conferir as regulamentações locais e obedecer a todos os sinais postados. E não pense que você vai passar despercebido se apenas acender um cigarro, esperando que ninguém fale nada. Eles vão falar.

GORJETAS

Os visitantes devem estar cientes de que muitos trabalhadores da indústria de serviços recebem salário mínimo e dependem de gorjetas para obter uma renda decente. A quantidade esperada varia, mas é mais prevalente em áreas de concentração de turistas, cidades de maior porte e em hotéis, restaurantes ou salões de beleza mais sofisticados.

Como regra geral, adicione 15% à tarifa do táxi. Os cabeleireiros esperam receber de 10% a 15%. Dê um dólar por mala para os carregadores de bagagem de hotéis ou aeroportos (um pouco mais se você estiver levando um baú cheio de livros ou uma sacola de esqui pesada).

Uma gorjeta básica em um restaurante seria de 15% — se você estiver sentado no balcão, menos — a até 20% em um bom restaurante, com excelente serviço.

Como o imposto estadual adicionado à conta geralmente é na faixa de 8%, muitos americanos simplesmente dobram a taxa para calcular o valor da gorjeta. Isso indica que os clientes devem estimar o pagamento de 25% acima do preço efetivo de uma refeição, incluindo a gorjeta e a taxa.

CULTURA

Durante muito tempo, os americanos importaram a alta cultura da Europa. Só depois do século XIX é que o país acolheu seriamente as formas de arte indígena. Fundindo as influências e experiências de seus povos, carimbou o estilo singularmente norte-americano no mundo das artes e da cultura. Os EUA abrigam alguns dos melhores museus e galerias do mundo, mas o visitante deve explorar também as contribuições domésticas da América para as artes criativas.

A América se supera em tornar a cultura mais democrática e menos antiquada. Embora alguns americanos ainda se produzam bastante para assistir a espetáculos de ópera, roupa casual é a norma nos teatros. Você vai ver de tudo: de vestidos de festa a shorts e sandálias, de bolsas sofisticadas a pastas de trabalho e mochilas.

Certamente, o ingresso para assistir a óperas ou orquestras sinfônicas pode ser caro, mas você pode frequentar os muitos eventos ao ar livre gratuitos, ou as acessíveis produções teatrais experimentais ou regionais. Há opções para todos os gostos e orçamentos. O conhecimento local pode poupar uma boa soma de dinheiro. Desse modo, verifique com um amigo ou com o concierge do hotel para obter informações privilegiadas sobre ingressos com desconto. Nas grandes cidades,

---

CULTURA POP

Hoje, a cultura pop é um dos maiores bens de exportação da América, agradando consumidores ávidos pelo mundo inteiro. Alguns países acusam os EUA de imperialismo cultural, alegando que o coração, a mente e o estômago de seus jovens perderam para os *Simpsons*, a Lady Gaga e o McDonald's. A juventude mundial, a exemplo de muitas gerações existentes antes dela, está simplesmente fascinada pelas imagens e possibilidades oferecidas por esse país.

geralmente há lugares onde é possível comprar ingressos para espetáculos no mesmo dia, como a cabine TKTS, na Times Square, em Nova York, que tem até um aplicativo para smartphone que informa o que há disponível.

Teatro

Os dramaturgos americanos têm abordado diretamente as questões sociais do país, divertindo e emocionando diferentes gerações. Autores notáveis são Arthur Miller, Eugene O'Neil, Tennessee Williams, Edward Albee, David Mamet, August Wilson, Tony Kushner e John Guare.

Off-Broadway

Em Nova York, as designações *off-Broadway* e *off-off--Broadway* não se referem à proximidade da Great White Way (apelido da via, especificamente no trecho que abriga os teatros), mas ao tamanho do teatro. No entanto, essa pode ser uma indicação do tipo de espetáculo. Grandes musicais ocupam os maiores teatros da Broadway, peças mais simples tendem a ocupar os espaços *off-Broadway*, e os teatros mais intimistas, *off-off-Broadway*, são os que abrigam estimulantes trabalhos experimentais.

Musicais

Equivalentes ao teatro de variedades britânico, as peças de *vaudeville* norte-americanas foram desenvolvidas como musicais da Broadway. Shows clássicos, entre eles *Showboat*, *Carousel* e *Forty-Second Street*, são constantemente reapresentados. Irving Berlin, Cole Porter e Frank Loesser incorporaram temas americanos, humor e paixão em suas peças, todas elas com números ágeis e surpreendentes. Os musicais de Richard Rodgers e Lorenz Hart dominaram os palcos da Broadway (e de Hollywood) durante a primeira metade do século XX, mas, quando Rodgers estabeleceu parceria com o lírico Oscar Hammerstein para escrever *Oklahoma*, em 1948, abriu caminho para produções em que as canções e as danças não mais "paravam o show", mas impulsionavam a história para frente. O gênio contemporâneo do musical é Stephen Sondheim (*Company*, *Sweeney Todd*), que escreve tanto músicas quanto letras que desafiam qualquer categorização. Nos últimos anos, adaptações musicais dos filmes da Disney foram apresentadas na Broadway, muitos com música de Alan Menken. E não apenas na Broadway — *A bela e a fera* lidera a lista dos musicais mais representados por escolas de ensino médio norte-americanas.

Óperas e sinfônicas

Graças à filantropia de entidades privadas, a maior parte das cidades tem sua própria orquestra sinfônica, e muitas também abrigam uma companhia de ópera. Uma inovação recente: apresentações "ao vivo" em cinemas de performances de ópera, pela Ópera Metropolitana de Nova York (a Met) e outras companhias.

Talvez a música "clássica" norte-americana mais evocativa seja a de George Gershwin e Aaron Copland. Influenciado por histórias e ritmos afro-americanos, Gershwin (1898-1937) é famoso por *Rhapsody in Blue* e pela ópera *Porgy and Bess*. Copland (1900-1990) capturou a paisagem e o espírito americanos em suas sinfonias, óperas, trilhas sonoras de filmes e balés. Outros compositores americanos importantes são Samuel Barber e Leonard Bernstein, um talento nacional igualmente extraordinário no Salão de Sinfonias e, com o clássico *West Side Story*, no Teatro da Broadway.

Os patrocinadores das séries clássicas têm sido muito cautelosos com a música moderna — o festival de verão de Nova York, no Lincoln Center, atrai espectadores, mas assegura que o plano é "essencialmente Mozart". Contudo, os trabalhos "minimalistas" dos compositores contemporâneos americanos Philip Glass, Steve Reich e John Adams estão cada vez mais populares.

Como soa o patriotismo? Como uma marcha de John Philip Sousa. A exibição de uma banda tocando uma marcha ou o espocar de fogos de artifício não estão completos sem a canção "Stars and Stripes Forever". E a experiência americana fundamental? Sentar-se num parque para ouvir um concerto gratuito dos Boston Pops — uma orquestra que toca todos os clássicos populares norte-americanos (naturalmente, com o lançamento obrigatório de fogos de artifício).

Música

Talvez a melhor maneira de sentir a música americana seja numa viagem pelo interior do país. Sintonize as estações locais e você vai ouvir o rap e o hip-hop de Nova York, a música de raízes populares do Kentucky, os ritmos latinos de Miami, o country de Nashville, o zydeco da Louisiana e o som dos surfistas da Califórnia ensolarada. É possível apreciar música ao vivo nas paradas pelo caminho — novas bandas em cidades universitárias, coros de igreja entoando música gospel dançante e gigantes do rock nos maiores estádios esportivos.

Os primeiros blues e gospel afro-americanos dos campos de algodão e igrejas da América evoluíram para o jazz e o rhythm and blues (R&B). O jazz — de modo geral considerado a primeira forma americana de arte de verdade — encontrou sua voz nas praças e nas procissões dos funerais de New Orleans e já teve muitas variações, como o ragtime, o swing, as big bands e o bebop. As canções de R&B de James Brown e Chuck Berry foram popularizadas por Elvis Presley. A música foi posteriormente comercializada na década de 1960 pelos cantores de soul da gravadora Motown, de Detroit, e pela disco sound dos anos 1970.

A exemplo do que ocorre com o fast-food, não há necessidade de informar a você sobre o pop, o rock ou o hip-hop. A música contemporânea é o mais bem-sucedido produto de exportação cultural da América. Se é popular no país, você já deve ter escutado.

Mas o contrário não acontece. Diversos artistas de gravadoras de ponta de outros países fracassaram na tentativa de ganhar o mercado americano, muitas vezes por causa das diferenças linguísticas — os americanos querem ouvir suas canções populares (e seus filmes) em inglês, e até a música nacional *tejano* e outros gêneros de língua espanhola raramente atingem um público ouvinte muito grande.

Livros

A literatura americana explora a profundidade e a amplitude da experiência do país. Ela abarca o horror e os contos de suspense de Edgar Allan Poe, o idealismo de escritores transcendentais, como Emerson e Thoreau, os vigorosos trabalhos do escritor Ernest Hemingway, da "Geração Perdida", e os duros retratos da experiência afro-americana. Ótimos autores, como Fitzgerald, Faulkner e Steinbeck, usaram seu talento para capturar uma nação que literalmente se apossava do século XX. Chandler e Hammett nos conduzem pelos crimes cometidos nas principais ruas das grandes cidades. John Updike e John Cheever nos mostram a vida da classe média norte-americana nos subúrbios e nas pequenas cidades da América, e o prolífico Stephen King continua nos aterrorizando.

Um dos passatempos mais populares dos americanos é o clube do livro, em que pequenos grupos de leitores se reúnem periodicamente para elogiar ou criticar o último romance, entremeados com petiscos e vinho branco.

Artes visuais

A maior parte das principais cidades tem no mínimo um museu de arte sofisticado, de modo geral com coleções particulares que multimilionários de gerações passadas compraram em suas férias na Europa. Embora a própria arte norte-americana tenha tido seu reconhecimento postergado por muito tempo, o país tem acertado o passo, produzindo artistas maravilhosos, de Whistler a Warhol. Muitos artistas americanos ótimos podem ser desconhecidos para o visitante estrangeiro, pois seus trabalhos foram abocanhados por colecionadores e galerias nacionais antes mesmo de a tinta secar.

Um jeito perfeito de conhecer novas pessoas? Deixe seu casaco na chapelaria e passe uma tarde de inverno explorando o Met de Nova York (agora é o Metropolitan Museum of Art, não a casa de óperas), iniciando uma conversa sobre o quadro *Íris*, de Van Gogh, ou sobre uma pintura enérgica de Jackson Pollock. (Essa dica também

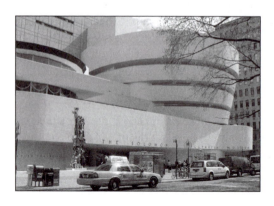

funciona para os museus de Washington, Chicago, Boston, Filadélfia etc., mas com diferentes obras de arte.)

Os Estados Unidos permanecem pioneiros nas artes visuais. Assim como para pinturas, esculturas e ilustrações, procure por museus e mostras de fotografia, design gráfico e arte popular.

Filmes

A América não inventou o cinema, mas tem feito muito mais que qualquer outro país para compensar essa omissão. Em uma combinação perfeita entre arte, ciência e grande negócio, os Estados Unidos e o cinema se fundiram no paraíso hollywoodiano. De Disney a Spielberg, de Pickford a Depp, de *E o ventou levou* a *Titanic*, a lista de ótimos filmes americanos é interminável. Os filmes norte-americanos modelaram nossas sensibilidades ao longo dos últimos oitenta anos, apropriando-se, para muitos, do papel da literatura no processo. Expressão moderna do populismo, os filmes retratam muito bem a personalidade americana.

Alguns críticos lamentam que o filme hollywoodiano que arrasta multidões venha sendo dirigido a um público menos culto, distorcendo injustamente a percepção mundial sobre a vida americana. Enquanto as salas *multiplex* são dominadas por filmes de ação e aventura e uma variedade de comédias românticas, os campeões atuais de bilheteira se baseiam em heróis de histórias em quadrinhos, passeios por parques temáticos e até brinquedos. Mas a maioria das cidades tem um cinema de artes, que atrai o público apreciador de filmes estrangeiros e independentes.

Televisão

A televisão é o deserto artístico onde seu precioso tempo morre. É onde trabalham as mentes mais brilhantes, inteligentes e criativas do país. A televisão são as duas coisas.

A internet pode ser a preferida atual das crianças, mas a tevê ainda é a mídia número um na vida e nas conversas cotidianas dos americanos com mais idade. A época em que as redes de transmissão — CBS, NBC e ABC — ditavam as regras nos programas de rádio e televisão acabou faz tempo. Financiadas por propagandas e sujeitas a estritos padrões de decência (um vislumbre rapidíssimo dos seios de Janet Jackson durante o intervalo do jogo do Super Bowl de 2004 foi reverberar na Suprema Corte!), essas três — e sua companheira mais recente, a rede Fox — enfrentam agora a concorrência de centenas de canais a cabo, muitos dos quais sem anúncios publicitários, que exibem filmes sem censura, noticiários, esportes, shows especiais e drama e comédia originais nas telas da América mediante assinatura. E agora todas essas telas são grandes, planas e cada vez mais de alta definição.

Certamente, grande parte da programação diária ininterrupta é extremamente repetitiva e, frequentemente, um insulto aos telespectadores inteligentes. Os reality shows completam a programação, visto que o aproveitamento de participantes amadores e de locações reais — para shows de talentos, disputas de resistência, decorações de casas e voyeurismo de pessoas com distúrbios mentais ou simplesmente grosseiras — barateia os custos de produção. Os canais de notícias — muitos deles alardeando abertamente suas inclinações políticas, o que as redes lutam para evitar — esticam ao máximo cada notícia para preencher o tempo, com um índice baixo do que é fato em relação ao que é opinião. O noticiário local noturno ainda favorece os aspectos visuais em detrimento dos verbais: "Quando há casos de extrema violência, há picos de audiência".

No entanto, a televisão também produz os mais atrativos e originais dramas, comédias e documentários, que desafiam facilmente a qualidade dos melhores filmes da atualidade. (E qualquer esporte tem um aspecto maravilhoso em telas de alta definição.) Há verdadeiras joias nas programações, e um bom ponto de partida para descobri-las é consultar a lista dos espetáculos indicados para o Emmy — o Oscar da TV — ou para o Globo de Ouro televisivo. No momento, as honras parecem recair entre os canais a cabo sem restrições, por meio de séries maravilhosas e dramas independentes, enquanto as redes ainda acumulam as premiações pelas comédias. Para telespectadores perspicazes, há também o Public Broadcast System. Financiado por doações de telespectadores e por patrocínios do mundo empresarial, sua grade de programação se concentra em análises de noticiários, programas educacionais e atrações britânicas.

Rádio

Com treze mil estações de rádio distribuídas pela nação, sintonize nas frequências e você poderá encontrar algum tipo de música que produza uma trilha sonora para sua viagem de carro — rock, pop, urbana, country, gospel ou, simplesmente, aqueles "clássicos dourados" que remetem à sua juventude (ou à juventude de seus pais). Se você prefere Beethoven a Beyoncé, pode ter sorte de encontrar algumas estações clássicas, ainda que raras. E também há uma série de entrevistas e noticiários sobre política, religião, esportes etc. para preencher as horas e que convidam os ouvintes a participar — se eles ligarem para as estações.

Quer fugir dos comerciais intermináveis? A exemplo da existência de TVs financiadas pelo governo, há canais de rádio públicos, uma fonte confiável de programas que abordam temas mais profundos e provocadores. Ou, se o seu carro é equipado com um rádio via satélite, pode-se acessar a versão sonora do cabo, que oferece canais de entrevistas e músicas digitais de som cristalino mediante uma taxa.

Capítulo **Sete**

VIAGENS, SAÚDE E SEGURANÇA

> **"Rume para o Oeste, meu jovem;**
> **rume para o Oeste e cresça com o país."**
> *Horace Greeley*

A narrativa da América pós-colonial é uma história de viagens e explorações: as primeiras descobertas de Lewis e a expedição de Clarke até o Pacífico, ajudada pela índia--guia de 15 anos de nome Sacagawea, agora imortalizada pela moeda dourada de um dólar; as carroças cobertas, ou *prairie schooners*, que transportaram famílias para os novos lares no Oeste; as grandes comitivas de gado entre os anos de 1860 e 1870, que espalharam as lendas dos caubóis; a primeira ferrovia transcontinental, concluída em 1869, que reduziu o tempo de viagem por terra do "mar até o mar radiante" (da costa do Atlântico à costa do Pacífico) de seis meses a apenas uma semana; e a aventura clássica do século XX eternizada pela Route 66, a "Rua Principal da América", mais bem desfrutada dos bancos de couro de um Corvette conversível e ao som do arranjo da big band de Nelson Riddle* numa estação de rádio.

---

* Um dos maiores arranjadores, compositores e maestros americanos do século XX (1921-1985), cujas músicas serviram de inspiração para cantores do porte de Frank Sinatra e Nat King Cole, entre outros. (N. do T.)

Tirando os verdadeiros povos nativos, a nação descende de viajantes, que desbravaram o Atlântico selvagem em embarcações estreitas de madeira ou puseram os pés neste admirável mundo novo após desembarcarem de um avião no Aeroporto JFK, em Nova York.

O visitante pode se surpreender ao saber que apenas um terço dos cidadãos americanos possui passaporte. Mas, quando você tem à disposição uma combinação tão tentadora de destinos — das linhas de horizonte imponentes das grandes cidades à beleza estonteante dos parques nacionais —, começa a entender por que poucos americanos se desgarram de seus próprios territórios: eles podem desfrutar longas jornadas dentro das fronteiras desse vasto país em suas férias anuais.

Os EUA têm uma variedade de paisagens espetacular e oferece qualquer atividade imaginável. Interessado em história? Compre um mosquete e participe da recriação da Guerra Civil na histórica Virgínia. Precisa de uma dose forte de adrenalina? Experimente esquiar nas regiões remotas de Utah ou pratique canoagem nas águas espumantes das corredeiras do Colorado. Quer relaxar? Perca-se na terra da fantasia da Disney World ou em Las Vegas. Há muita variedade, para apreciar durante toda uma vida, e o visitante tem uma infinidade de opções!

Este livro não foi concebido para ser um guia de viagem exaustivo; há uma infinidade de livros maravilhosos de viagem que miram diferentes bolsos e interesses. Contudo, para aqueles que efetivamente desejam descobrir as pessoas e os locais além das usuais armadilhas turísticas, eis dois conselhos. Primeiro, considere explorar profundamente uma ou duas regiões, em vez de pular de cidade em cidade. Segundo, evite as redes de fast-food e de motéis e prefira restaurantes e acomodações B&B (*bed and breakfast*, uma espécie de pousada) que ofereçam autenticidade e cor local, em vez de homogeneidade corporativa.

CHEGADA AO PAÍS

O Departamento de Segurança Interna dos Estados Unidos (United States Department of Homeland Security) confere rigorosamente todos os documentos de viagem.

As exigências normais para os visitantes são mostrar o passaporte, o visto e a passagem aérea de volta. Um programa de concessão de vistos se aplica a muitos países europeus e a outras nações. Os viajantes que planejam estadias mais longas, como é o caso dos estudantes, necessitam de um tipo de visto de entrada diferente e comprovação de capacitação financeira. É essencial que você tenha o carimbo correto em seu passaporte e outros documentos relevantes, ou pode ser que você volte para casa sem nem ao menos sair do aeroporto. Se tiver dúvida, consulte a embaixada ou o consulado americano mais próximo de sua cidade, com vários meses de antecedência.

Você vai precisar preencher os formulários da alfândega e da imigração, que provavelmente vai receber no avião ou no navio um pouco antes de desembarcar no país.

Na chegada — e para a maioria dos visitantes, ela se dá num aeroporto — a primeira parada será no posto de imigração, onde vão lhe perguntar o motivo de sua visita, seu tempo de permanência e, possivelmente, para quais localidades você está planejando viajar. (Uma dica: saiba as respostas para essas perguntas.) Em seguida, você apanha as malas e passa pela alfândega. (Outra dica: não arrisque. Confira nos sites da alfândega e da polícia da fronteira [www.cbp.gov] antecipadamente para se certificar de que você não está portando nenhum item que possa lhe trazer problemas.)

E então... você está na América. Se já reservou um carro, dirija-se para o balcão ou utilize o telefone de cortesia da empresa de locação de carros. Essa também é a primeira parada se você deseja um carro sem ter feito reserva antecipada (é preciso ter em mãos uma carta de motorista e um cartão de crédito internacional). Para tomar um ônibus, trem ou táxi a fim de se dirigir ao seu hotel ou ao distrito empresarial, saia do terminal — o que pode ser um breve passeio ou uma considerável caminhada, dependendo do aeroporto — e procure pelas placas. Os balcões de informação ou os funcionários uniformizados o ajudarão. Você também poderá receber várias ofertas sussurradas de corridas em táxis não licenciados ou em limusines particulares. É melhor ignorá-las e pegar um táxi licenciado no próprio ponto, ainda que a espera seja maior. A maioria dos táxis oficiais tem taxímetro, mas isso pode variar de cidade para cidade.

PEGANDO A ESTRADA

Das capitais de estado aos subúrbios estendidos, os Estados Unidos foram projetados para o cidadão que possui transporte pessoal. E, quando os cavalos e carroças cederam lugar aos automóveis, os planejadores urbanos do século XX responderam com comunidades que se apropriaram integralmente dos espaços vulneráveis da nação. Embora grande parte das pessoas caminhe até a loja ou o mercado mais próximo todas as manhãs, a família americana típica dos subúrbios vai de carro uma vez por semana até o centro comercial da cidade, às vezes

a vários quilômetros de casa, para encher a minivan com um monte de pacotes de algum hipermercado, cercada por um mar de vagas de estacionamento descobertas. A menos que você more em uma das cidades de maior porte — como Nova York, que contrabalança o intenso tráfego e o custo exorbitante dos estacionamentos com um transporte público eficaz —, o carro é uma necessidade no país. Nenhuma surpresa, então, que os Estados Unidos, com menos de 5% da população mundial, queimem 11% da produção de petróleo do mundo apenas com o transporte rodoviário.

Aqueles que não conseguirem resistir a uma romântica *road trip* vão constatar que os motoristas americanos não são nem os mais corteses nem os mais agressivos (apesar dos informes habituais sobre "ataques de raiva" na estrada). Os americanos ainda lhe dirão que não precisam olhar a placa do carro que segue adiante para saber de que estado é o motorista. Aparentemente, há grandes variações regionais nos estilos de dirigir pelo país!

Locação de carros

Há agências de locação de carros em todos os lugares, embora as taxas sejam mais acessíveis fora das cidades e dos principais aeroportos. As opções vão desde sedãs opulentos ou conversíveis esportivos a carros "em mau estado de conservação", para aqueles que têm pouco orgulho e um orçamento menor. Lembre-se de avaliar o tamanho do carro, os impostos, o seguro obrigatório e a autonomia do tanque de combustível quando comparar essas lojas, a fim de obter as taxas mais favoráveis.

Carteira de motorista

Embora a maioria das agências de locação de carros aceite a carteira de motorista brasileira, a permissão internacional para dirigir pode ser um documento valioso para você carregar. Ela deve ser emitida no Brasil.

Necessidades de navegação

Se você está planejando uma longa viagem de carro durante sua visita — uma necessidade para algumas localidades, e um ótimo modo de conhecer o país —, vale a pena investir num bom mapa rodoviário, que é possível encontrar em qualquer loja de conveniência existente nas paradas para descanso ao longo das rodovias. Mas, para uma viagem específica, você pode imprimir orientações pontuais, de trecho a trecho, utilizando as facilidades de diversos sites, incluindo os mapas do Mapquest e do Google. Naturalmente, muitos carros — mas não necessariamente os de aluguel — são equipados com GPS.

Algumas regras básicas nas estradas

Esteja ciente de que as normas de trânsito podem variar ligeiramente de estado para estado. No entanto, por todo o país, é obrigatório o uso do cinto de segurança, e jamais dirija se beber ou usar drogas.

Use a pista da direita. Quando fizer uma conversão à esquerda, geralmente cruze *na frente* de qualquer carro que estiver na pista contrária e que parou para fazer sua própria conversão à esquerda. Você pode virar à direita no sinal vermelho (após parar e se certificar de que não há nenhum tráfego vindo da esquerda), exceto se houver uma placa orientando você a esperar pelo sinal verde.

Os limites de velocidade são estritamente vigiados por patrulheiros rodoviários com equipamentos de radar ou por policiais da região. As multas podem ser pesadas. Esses limites variam de 89 km/h (55 milhas/h) em estradas urbanas a 105 ou 121 km/h (65 ou 75 m/h) em vias da região rural. Nas áreas urbanas, os limites de velocidade mudam com frequência, particularmente perto das escolas, portanto preste atenção na sinalização.

Placas especiais listando restrições locais, como limites de velocidade, estão geralmente postadas na entrada das cidades.

TIPOS DE ESTRADAS

Há três tipos de estradas principais. "I" indica uma Interstate Highway (estrada interestadual); "US", uma US Highway (estrada federal); e "Rte" (*route*), uma estrada estadual ou regional.

O sistema de números para as rodovias interestaduais é definido como se segue. As rodovias com números pares (por exemplo, I-80) percorrem o país de leste a oeste (com os números mais baixos começando no oeste). As de números ímpares (I-15) vão de norte a sul (com os números mais baixos começando no sul).

Uma *expressway* (estrada expressa) é uma rodovia de alta velocidade dividida que apresenta pistas de tráfego direto com acesso completa ou parcialmente controlado. Elas têm rampas de entrada e saída e, conforme o caso, podem ter ou não praças de pedágio. O termo *expressway* pode ser utilizado de forma intercambiável com *thruway*. (Uma estrada dividida significa que os dois fluxos de trânsito são separados por um *guardrail* metálico ou de cimento, ou mesmo por uma área ajardinada.)

Uma *highway* (estrada, rodovia) pode ter ou não *guardrails* centrais e, normalmente, passa por dentro das cidades em vez de desviar delas, como as *expressways* fazem.

Uma *turnpike* é tradicionalmente uma rodovia que contém praça de pedágio — embora você possa também ter que pagar pedágio nas *thruways*, *expressways* ou *parkways* (basicamente uma rodovia com *guardrails* centrais, mas que restringe a passagem de veículos de carga). Mais importante do que tentar decifrar nomes e números de rodovias é se assegurar de que você tenha notas de valor pequeno e moedas para colocar no coletor do pedágio! (Pessoas que pretendem ficar uma longa temporada no país podem investir numa *toll tag*, como o E-Z Pass, que permite que você passe pela cabine de pedágio sem ter que parar, com os custos sendo lançados automaticamente em seu cartão de crédito.)

VOOS DOMÉSTICOS

Os americanos gostam de dirigir, e o sistema de rodovias do país é bem desenvolvido e geralmente tem boa manutenção, mas, para as viagens de um dia ou mais, a segunda opção é o avião, largamente preferido em relação ao trem — *se* você conseguir alguma ferrovia que satisfaça o seu trecho de viagem. Para os turistas que pretendem percorrer longas distâncias, um pacote mesclando viagens de avião e de carro pode ser a melhor opção.

Para viajantes habituais, e no que diz respeito a voos domésticos, o que rege é a demanda dos compradores. A existência de empresas aéreas desprovidas de qualquer tipo de luxo e as disputas regulares de preços travadas entre elas determinam uma ampla faixa de opções de tarifas (às vezes até para o mesmo assento). O melhor lugar para começar é um dos muitos sites que comparam preços e suas disponibilidades. Também existem os aplicativos de smartphone. Se você pode ser flexível, reserve seu bilhete com bastante antecedência ou compre com desconto nos últimos minutos. Se está disposto a viajar durante a baixa temporada e fazer uma rota intermediária que envolva conexões, é possível reduzir ainda mais os custos da viagem.

Você não terá que passar por postos da imigração e da alfândega nos voos domésticos — embora talvez necessite de seu passaporte e de sua identidade com foto. Contudo, as medidas de segurança podem ser tão rigorosas como as das viagens internacionais, podendo incluir escaneamento completo do corpo ou revistas conduzidas por funcionários, raio X de todas as malas de mão e até dos sapatos, bem como restrições sobre líquidos. Siga as recomendações da empresa aérea sobre o tempo necessário para esses procedimentos de pré-embarque. Se você chegar ao aeroporto cinco minutos antes do seu voo, certamente vai perdê-lo!

Para poupar tempo no despacho e na espera pelas bagagens — e para economizar as taxas que algumas empresas aéreas mais baratas cobram —, muitos americanos abarrotam tudo o que precisam para a viagem numa única mala de mão. Mas leve em consideração que o espaço para bagagens na cabine é limitado.

FERROVIAS

Embora o sistema ferroviário nacional — Amtrak — seja muito criticado pelos americanos, as viagens ferroviárias ainda são um modo relaxante de cobrir grandes distâncias.

A rede entre cidades da Amtrak não é tão abrangente como as rotas dos ônibus de longa distância, e as passagens de trem podem ser tão caras quanto as aéreas. No entanto, como a maior parte das estações está localizada no centro das cidades, as viagens ferroviárias podem poupar o tempo e o dinheiro gastos para se chegar e sair dos aeroportos. As cidades mais bem servidas são aquelas do "corredor" noroeste, com serviços frequentes e regulares desde Boston, passando por Nova York, Baltimore, Filadélfia, até Washington, D.C. Nos serviços *premium*, é possível viajar entre essas cidades nos trens Acela de alta velocidade.

A Amtrak opera outras trinta rotas principais pelo país, servindo as cidades mais importantes da maioria dos estados e cruzando o Canadá em algumas rotas. O site da Amtrak (www.amtrak.com) informa o trajeto dos trens e a duração de cada viagem.

VIAGENS DE ÔNIBUS

Os filmes geralmente retratam as viagens de ônibus de longa distância nos Estados Unidos como um serviço para os menos favorecidos. Os terminais de ônibus podem parecer um tanto sórdidos, mas a verdade é que essas viagens oferecem um serviço confortável para viajantes experientes e com orçamento apertado que estejam dispostos a viajar durante 28 horas para ir de Nova York a Miami. E certamente, nessas viagens, você vai conhecer muitos americanos.

TRANSPORTE PÚBLICO LOCAL

Talvez porque os EUA sejam uma nação dependente de carros, o transporte público geralmente não é tão abrangente ou eficiente como o de outros países. As exceções são os sistemas de metrô de Nova York, Washington, D.C., Chicago e San Francisco, que se conectam à maioria dos destinos turísticos, mas que devem ser evitados nas horas de pico!

O padrão dos serviços locais de ônibus em cidades pequenas e grandes é extremamente variável. Os ônibus não possuem cobradores e talvez você precise pagar a quantia exata ou comprar um bilhete ou passe antecipadamente.

Táxis

Os táxis geralmente operam com taxímetros e podem ser apanhados nas ruas de algumas cidades se o sinalizador *for hire* estiver aceso. Uma das características mais propagandeadas dos taxistas das grandes cidades é a diversidade étnica; uma pesquisa revelou que nove entre dez taxistas de Nova York são imigrantes, oriundos de 84 países diferentes. Embora isso proporcione conversas interessantes, você não deve concluir que todos os motoristas saibam automaticamente o caminho até o seu destino. Como observado, gorjetas são esperadas.

ONDE SE HOSPEDAR

O viajante cansado tem uma gama imensa de opções de acomodação que atendem a diferentes bolsos e preferências. As escolhas variam de hostels simples para jovens a resorts luxuosos e spas no estilo Nova Era, e tudo que se pensar na faixa intermediária.

Até os campings oferecem opções nesse amplo cenário de férias dos americanos, com acomodações que vão de humildes barracas de lona a trailers para aqueles que gostam de ter à disposição todas as conveniências modernas — inclusive uma pia de cozinha — nas férias. Você pode evitar os motéis sem graça de beira de estrada se pegar as estradas vicinais e desfrutar o toque pessoal dos B&Bs (*bed and breakfasts*, uma espécie de pousada) e das *country inns* (hospedarias rurais) de preços moderados. Há sites que exibem a opinião de outros viajantes sobre hotéis e disponibilizam o serviço de reservas antecipadas.

Onde é o banheiro?

Os visitantes geralmente se surpreendem com a escassez de lavatórios públicos nos EUA. As estações ferroviárias, rodoviárias e de metrô normalmente possuem banheiros, mas as instalações mais bem cuidadas são as de grandes magazines, museus e restaurantes. Os banheiros das paradas para descanso à beira das rodovias geralmente contam com uma boa manutenção, apesar (ou talvez por causa) do alto volume de tráfego.

As várias designações para banheiro

Na América, use *bathroom* ("banheiro") numa residência, *restroom* ("toalete") numa instalação pública e *men's room* ou *ladies' room* ("toalete masculina" ou "toalete feminina") num restaurante, teatro ou hotel.

SAÚDE

Os Estados Unidos são um país relativamente seguro no que se refere aos riscos à saúde. No entanto, os visitantes devem sempre contratar um seguro. O sistema de saúde norte-americano é complexo e caro. A menos que seja efetivamente uma emergência, deve-se evitar ir a um pronto-socorro. Embora nos aspectos legais o PS seja a unidade que deveria tratá-lo, você pode esperar numa longa fila e ter que pagar uma conta muito alta — até procedimentos simples, como tratar uma infecção na garganta, podem lhe custar cerca de mil dólares.

Procure, como alternativa, os centros de *Urgent Care* ou *Walk-in Care* — embora não sejam serviços 24 horas —, que objetivam oferecer tratamentos não emergenciais.

Os hospitais pedirão seu cartão de crédito ou algum documento que comprove a cobertura do seguro antes de fazer qualquer diagnóstico ou tratamento. Se você precisa receber atenção médica, fique tranquilo que os padrões são extremamente elevados. Você provavelmente só vai sentir desconforto quando voltar para casa, e isso por causa das pesadas contas dos médicos ou hospitais.

Antes de sair de casa

Você não é capaz de prever toda e qualquer eventualidade, de modo que é essencial contratar um seguro-viagem abrangente para a sua jornada. A cobertura deverá incluir tratamento médico, repatriação de emergência, atrasos ou cancelamentos de viagem, perda de passagem, roubos ou perdas pessoais e responsabilidade pessoal. Confira se o seu cartão de crédito já cobre o aluguel de carros e/ou o seguro-viagem.

SEGURANÇA PESSOAL E GERAL

Como destino de viagem, a América é um dos locais mais seguros do mundo. Apesar das impressões persistentes do Velho Oeste e da época da Lei Seca e dos gângsteres, a maioria das cidades tem baixo índice de criminalidade, as pessoas são amigáveis e acessíveis e os policiais ficam contentes quando ajudam um turista confuso. De qualquer forma, você deve tomar precauções.

Em termos de segurança pessoal, as regras do bom senso geral se aplicam. Cuidado com os batedores de carteiras em pontos com muita concentração de gente. Evite ruas desertas e escuras e vagões de trem ou de metrô vazios. Utilize os caixas automáticos durante o dia, preferivelmente os que se encontram dentro de bancos. Mantenha a carteira no bolso da frente. Deixe o passaporte e objetos de valor no cofre do hotel. Certifique-se de tirar fotocópias do passaporte, do visto e das passagens aéreas, e mantenha-os separados de seus documentos de viagem.

Quando for alugar um carro, peça ao funcionário da agência para explicar a rota mais segura até o destino desejado, para não ter que navegar com o GPS numa região central das cidades durante a noite.

A prática de pegar carona não é recomendada, e pode até ser ilegal, dependendo do estado e das leis da cidade. Mais importante, tente se misturar com a população local e evite parecer um turista, portando filmadoras ou mapas.

Os ataques terroristas de 11 de setembro provocaram um aumento das medidas relativas à segurança doméstica. Além do tempo a mais que você vai precisar disponibilizar antes de pegar o avião, você provavelmente vai constatar que há vários postos de monitoramento de segurança em muitos locais públicos e prédios de escritórios.

EMERGÊNCIAS

Para chamar a polícia, os bombeiros ou uma ambulância, ligue gratuitamente para 911.

Não atire, sou eu!

Na esteira de tantos relatos aterrorizantes de violência com armas que emanam dos Estados Unidos, os visitantes estrangeiros poderiam questionar por que a posse de armas não é totalmente proibida. O "direito de portar armas" (a segunda emenda) foi coroado na Constituição na era pós-revolucionária para equipar milícias locais a defenderem suas propriedades, conseguidas a duras penas. Hoje, os britânicos não impõem qualquer ameaça — e, na maioria dos 40% de lares americanos que têm uma arma, ela é legalmente registrada, tanto para proteção pessoal como para fins recreativos. A posse de armas continua sendo uma questão que polariza a opinião pública norte-americana. O apoio ao lobby das armas tende a ter bases regionais, com alta concentração nos estados que permitem a caça, a pesca e os exercícios de tiro. Ao se manter longe desse debate emocional *e* de vizinhanças inseguras, os visitantes podem evitar um encontro com alguém que esteja exercendo o direito concedido pela segunda emenda!

PREVENDO CATÁSTROFES NATURAIS

Dados os padrões climáticos extremos do continente, raramente se passa um ano sem que haja desastres naturais que se tornam manchetes no noticiário. São furacões que assolam o golfo ou a região costeira oriental, tempestades de neve que paralisam cidades nessa mesma costa, violentas tempestades que conformam um "corredor de tornados" no Meio-Oeste, além de incêndios florestais na parte ocidental, impelidos pelas últimas rajadas de vento do verão e pelas condições de seca. Felizmente, os serviços meteorológicos do país conseguem prever com precisão condições que podem gerar eventos climáticos extremos, e os residentes das áreas afetadas normalmente são bem preparados para reagir a essas ocorrências. No entanto, esses padrões climáticos devem ser levados em consideração quando os visitantes planejam viajar pelo país.

Não há leões nem tigres, apenas alguns ursos

A América tem sua cota de fauna selvagem inconveniente, desde os crocodilos que perambulam pela

Flórida, passando pelas irritantes cascavéis no Sudoeste, até os microscópicos carrapatos de veados, transmissores de doenças, na Nova Inglaterra. (O bicho mais irritante? Provavelmente o mosquito. Utilize repelente se você ouvir algum zunido nas noites quentes de verão.) E, acima de qualquer coisa, não perturbe um gambá.

Mas, na maioria das localidades, provavelmente você não vai encontrar espécies selvagens perigosas, a menos que esteja excursionando pelas regiões mais remotas. Nesse caso, escute os conselhos dos especialistas, como um dos experientes e bem treinados guardas da polícia florestal (Park Rangers) que trabalham no Serviço Nacional de Parques (National Park Service). (O Sistema Nacional de Parques [National Park System] cobre 340 mil km², exibindo as paisagens e os monumentos mais atrativos e bonitos da América.)

Nas áreas quentes, lembre-se de carregar muita água e utilize protetor solar. Nas áreas frias — e o cair da noite pode provocar quedas súbitas de temperatura, inclusive nas regiões desérticas — tenha sempre camadas extras de roupa. E, antes de se aventurar nessas paragens, assegure--se de que seu celular está com a bateria totalmente carregada.

Capítulo **Oito**

RECOMENDAÇÕES NOS NEGÓCIOS

> "Os *yankees* e os dólares guardam uma associação tão inextricável que essas palavras deveriam rimar."
> *Ralph Waldo Emerson*, diário, 1840

Os Estados Unidos são, de longe, o país mais rico do mundo — a não ser que consideremos a União Europeia como uma única entidade —, com um PIB que chega ao dobro do da China, seu mais próximo rival (embora se espere que o país seja rebaixado para o segundo lugar em 2030). A América tem uma economia baseada num setor industrial e de serviços extremamente diversificados e é líder em produtividade, superando as principais nações do planeta. Sua devoção ao capitalismo e ao mercado livre é absoluta e inabalável, apesar das dificuldades econômicas pelas quais o país vem passando durante os vários anos de recessão econômica global.

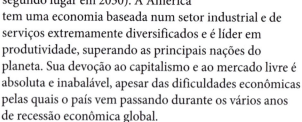

Essa recessão começou no fim do governo do presidente Bush, com o arauto extremamente familiar de uma crise: a "bolha". Dessa vez, ela ocorreu no mercado imobiliário, com os preços dos imóveis supervalorizados e grande número de hipotecas concedidas; então, quando houve queda no valor de mercado dos imóveis, seguiram-se a inadimplência e as execuções das hipotecas, forçando o governo a cobrir essas diferenças com uma injeção de dólares dos contribuintes.

Depois os bancos foram arrastados para essa situação caótica, quando foi anunciado que eles estavam financeiramente despreparados para cobrir o rombo deixado por títulos complexos ligados ao mercado hipotecário. Exigiu-se outra ajuda governamental, iniciada pelo presidente Bush e seguida por Obama, que teve que injetar uma soma maior de fundos públicos para tentar salvar uma enfraquecida indústria automobilística. Outras nações — muitas das quais importadoras de produtos americanos — enfrentaram suas próprias crises econômicas, provocando uma recessão global caracterizada como a pior de todos os tempos desde a Grande Depressão. Quando Obama venceu a eleição para um segundo mandato — o único presidente democrata a ser reeleito desde Franklin Roosevelt —, parecia que a economia norte-americana estava começando a se reerguer, mas com um legado de enormes déficits públicos que, em conjunto, contribuíram para uma dívida pública recorde de mais de dezesseis trilhões de dólares.

No tocante à mão de obra, a força e a influência política do movimento sindical têm diminuído desde seu apogeu na década de 1930, à medida que ex-forças sindicais, tais como as do setor manufatureiro, declinaram. De fato, estima-se que 60% dos novos empregos na economia da era da informação exijam aptidões correntemente tidas por apenas 20% dos trabalhadores. As crescentes desigualdades de habilidades e de renda resultantes disso provavelmente vão permanecer como desafios de longo prazo para os empresários e políticos do século XXI na América.

Em face do atrativo da mão de obra barata, que leva a produção para países estrangeiros, a etiqueta "made in USA" está se tornando cada vez mais rara, embora muitas empresas estejam sofrendo duras críticas por exportar empregos, quando os níveis nacionais de desemprego estão mais altos do que nunca. O suporte técnico telefônico provavelmente está sediado em Nova Délhi, e não em Nova York. No entanto, os consumidores globais são ambivalentes — eles adoram o fast-food americano, mas temem o que foi intitulado de *coca--colonization* ("colonização Coca-Cola").

O inglês continua sendo a *língua franca* dos negócios, e adotam-se internacionalmente as filosofias de gestão americanas. No entanto, as companhias americanas estão aprendendo que podem aumentar a eficiência — e ser melhores cidadãs globais — se demonstrarem entendimento cultural e sensibilidade para com as outras nações.

O AMBIENTE DE TRABALHO AMERICANO

O ambiente de trabalho americano tem mudado drasticamente. Em virtude da elevação dos custos, os funcionários cada vez mais recebem propostas de empregos de meio período ou compartilhados, e os serviços são terceirizados. À medida que as empresas são reestruturadas, as mudanças são constantes, as equipes de trabalho se tornam "virtuais", e combinações de trabalho flexíveis se tornam a norma. A rotatividade é alta, pois mudar regularmente de emprego é considerado um elemento necessário para a consolidação da carreira. A mentalidade de permanecer numa única empresa durante a vida toda acabou faz tempo. Espera-se que os funcionários assumam o gerenciamento da própria carreira. Os empregadores esperam comportamento ético e resultados e, nesse contexto, os funcionários darão o melhor de si — até que surja uma oferta melhor de trabalho.

As políticas, os procedimentos e as práticas governam todos os aspectos da vida da empresa. Além de fazer cumprir uma legislação que concede oportunidades iguais, a América corporativa tem apresentado diversas iniciativas, promovendo o nível de emprego e o avanço das mulheres e das minorias. São dados treinamentos para prevenir discriminação e assédio sexual.

Os papéis são flexíveis, a hierarquia é fluida e as funções são especializadas. Na organização mais "achatada" de hoje, não há nenhum estigma associado a movimentos laterais para desenvolver novas habilidades, ou mesmo para se reportar a um ex-protegido que atingiu rapidamente altas posições. A organização não tem mais fronteiras, o que significa que todos se sentem confortáveis ao se comunicar com as camadas superiores e inferiores da pirâmide, ou por meio de departamentos funcionais.

O horário de trabalho depende da empresa, da indústria e do tempo de serviço do funcionário. Os funcionários administrativos podem cumprir o horário normal, das 9 às 17 horas, ou fazer jornadas extensas — com vistas a "mostrar serviço". Como vimos, muitos funcionários, particularmente os que desempenham funções mais especializadas, podem trabalhar num regime excessivamente longo de horas, talvez sacrificando fins de semana e dias de férias, estejam eles dispostos a isso ou não. Os visitantes estrangeiros geralmente notam um paradoxo — aparentemente, os trabalhadores são informais e se socializam livremente, embora o volume e o ritmo de trabalho pareçam intensos, e o funcionário que, quando perguntado, não admitir que está "muito ocupado" pode correr o risco de ser demitido. Os envelopes da Federal Express são pré-impressos com o aviso *extremely urgent* ("extremamente urgente").

Um escritório típico costuma ser bastante amplo, com unidades menores compartimentadas por divisórias — embora o chefe ainda ocupe a sala de canto, com a melhor vista, quatro paredes e uma porta. Espera-se que os gerentes sejam acessíveis e mantenham uma política de "portas abertas". As agendas e a privacidade devem ser respeitadas. Todos os funcionários, exceto os executivos com maior tempo de casa, atendem ligações telefônicas e respondem e-mails.

Pode haver interrupções breves no escritório para a comemoração de aniversários, casamentos ou chás de cozinha, com os colegas de trabalho contribuindo para a compra de um presente coletivo. Os percursos de ida e volta do local de trabalho de modo geral são longos, resultando em pouco tempo para socialização após o expediente. Todavia, as empresas geralmente organizam eventos sociais regulares, como piquenique com as famílias, jogo de softball ou ocasionais happy hours às sextas-feiras.

O estilo de vida 24/7

O espírito de constante urgência que há tempos tem atormentado as empresas americanas ganhou impulso com o crescimento das comunicações eletrônicas,

especialmente naquele momento crucial quando o telefone já não era mais associado a um local, mas a uma pessoa. (Há uma nova palavra que se originou na Inglaterra — *nomofobia* —, que traduz o medo de as pessoas esquecerem o celular.) Hoje, ninguém pode usar a desculpa de estar fora do escritório para evitar uma chamada, e, se a pessoa com quem você necessita falar já está usando a linha, apenas deixe uma mensagem ou dispare um e-mail ou um torpedo.

Muitas pessoas de fato preferem essa abordagem a uma comunicação presencial. O correio de voz (*voice mail*) é frequentemente utilizado — as pessoas às vezes ligam intencionalmente quando alguém está fora, para que possam lhe deixar uma mensagem. Pronto! Agora é a sua vez de responder. Na mesma linha, os colegas em salas adjacentes às vezes trocam e-mails entre si — é rápido, eficiente, deixa uma "comprovação em papel", e você pode se garantir copiando qualquer profissional que esteja mesmo remotamente conectado ao projeto. Para muitos gestores, o e-mail transformou a natureza do trabalho, e muito tempo é gasto conferindo a caixa de entrada e apagando mensagens irrelevantes. "Estou com apenas trezentas mensagens não lidas", gabou-se um gerente de RH a um dos autores, após alguns fins de semana com o laptop.

A constante conferência do smartphone tem se tornado uma característica do comportamento moderno. Isso não significa que *não seja* sinal de grosseria quando sua companhia no jantar interrompe a conversa para conferir o BlackBerry pela décima quinta vez!

Códigos de vestimenta

Os códigos de vestimenta variam dependendo da indústria e da cultura corporativa. Os homens normalmente usam terno escuro, e as mulheres, vestido, saia ou calça. Muitas empresas instituíram a *casual Friday* (sexta-feira casual), e é comum que uma organização adote um código de vestimenta descontraído para o trabalho, mas insista que seus funcionários tragam uma muda de roupa formal para quando há uma reunião agendada com um cliente. Embora essa regra possibilite maior conforto, alguns reclamam que precisam comprar um segundo "uniforme", normalmente *chinos* (calça de algodão cáqui) com *dress shirt* (camisa social de manga longa), sem o uso de gravata para os homens, e, para as mulheres, saia ou calça casual e blusa.

De modo geral, espera-se que as roupas no ambiente profissional sejam de boa qualidade, mas não excessivamente estilosas. A maquiagem e as joias femininas devem ser discretas. Na dúvida, sempre vá para o lado do clássico. Uma postura confiante, boa higiene pessoal e aparência bem cuidada são essenciais.

No caso de não saber ao certo que roupa vestir em uma primeira reunião de negócios, prefira algo mais formal.

Primeiras impressões

Lembre-se: "Você jamais terá uma segunda chance de causar uma boa primeira impressão". Você será julgado com base em sua conduta e em sua aparência. Maneiras desleixadas ou comportamento inapropriado podem arruinar um acordo ou relacionamento.

Nas primeiras reuniões, os americanos geralmente buscam experiências comuns para consolidar um entrosamento rápido — nos negócios, isso pode ser um ex-empregador conhecido de ambos, colegas comuns ou a mesma fraternidade ou irmandade na faculdade. Trata-se do momento de estabelecer vínculos sociais que não pretendem ser o começo de uma bonita amizade, mas apenas um passo a mais para um melhor relacionamento no trabalho.

Tenha sempre cartão

Todas as pessoas carregam cartões comerciais, casualmente trocados durante as apresentações. Não serão verificados respeitosamente, no estilo asiático, e de fato podem ser colocados diretamente na carteira.

O cartão deve conter seu nome, o nome da empresa, o cargo e a função, somados aos seus números de telefone e fax, endereço de e-mail e do escritório.

Promova-se!

Pessoas provenientes de culturas mais modestas geralmente acham as maneiras dos americanos relativamente arrogantes e grosseiras. O americano retrucaria que você não avança se ficar esperando que outras pessoas notem seu talento, especialmente num mundo de negócios competitivo, e ele(a), por sua vez, demonstraria pouca paciência com o tipo de "amadorismo" que valoriza o esforço na falta de resultados tangíveis. Essa "orientação a realizações" pode parecer arrogante para quem é de fora, mas é um ideal acalentado e um elemento motivador interno poderoso que impulsiona os americanos para frente em sua busca por excelência.

E essa imodéstia não se limita apenas à fama e ao respeito. É também uma questão de dinheiro. A maioria das organizações de grande porte opera no sistema meritocrático, oferecendo aumentos de salário, promoções e, acima de tudo, maior fatia do montante dos bônus para os indivíduos que fazem as maiores contribuições para a obtenção dos lucros. O executivo ambicioso está literalmente investido em seu próprio sucesso.

Um americano lhe dirá que foi educado para acreditar em si mesmo, para tentar progredir e se destacar no meio da multidão. Num país tão grande como esse, a sobrevivência dos mais aptos é que dá as cartas. Como disse um gerente: "Para competir, preciso ser meu melhor produto e meu melhor promotor de vendas". Os profissionais até desenvolvem apresentações pessoais curtas, encapsulando em trinta segundos quem são e o que fazem.

A competição pode ser vista em todas as classes sociais, desde concursos de beleza e escolha do "funcionário do mês" até quem consegue comer o maior número de cachorros-quentes no 4 de Julho. A motivação de ser o primeiro, o maior, o mais rápido ou apenas o melhor tem inspirado os americanos a alcançar feitos extraordinários — mas você só saberá o nome dos que foram os primeiros colocados. Nessa cultura, como diz o técnico de futebol Vince Lombardi, "O segundo lugar é o primeiro perdedor".

O PONTO CRUCIAL

Os americanos não consideram essencial conhecer as pessoas com quem fazem negócios. A confiança é depositada em advogados e contratos, não em pessoas. As regras são feitas e aplicadas universalmente a todos. Os acordos são influenciados pela reputação de um cliente, pelas margens de lucro ou pelos prazos de entrega, não pela natureza dos relacionamentos.

Nessa sociedade que privilegia a execução de tarefas em detrimento da consolidação de relacionamentos, tudo é sistematizado. Enquanto os funcionários latino-americanos podem confiar no apoio de longo prazo dado por um chefe patriarcal para progredir, aos americanos recém-promovidos é designado um "mentor" temporário para ajudá-los a transitar na nova organização. Todavia, os profissionais mais sagazes desenvolverão uma rede de contatos — um grupo de profissionais conhecidos, extremamente unido, que se apoiam mutuamente. A busca por um emprego ainda é uma questão de quem você conhece — 80% dos trabalhos são conseguidos por intermédio de contatos, muitos dos quais sistematizados por sites de relacionamento social, como o LinkedIn, que tem mais de 150 milhões de membros.

ESTILO DE GERENCIAMENTO

Espera-se que um gestor competente defina objetivos, seja orientado por ações e também forneça resultados. O gerente com o estilo de comando e controle não se enquadra muito bem nessas premissas. Para descrever o estilo de gerenciamento preferido nos Estados Unidos, geralmente é utilizada a analogia do técnico na área esportiva. O gerente fornece a estratégia e os recursos e, então, torce na arquibancada quando os jogadores começam a partida.

O foco está em capacitar o subordinado para que ele mostre iniciativa, tome decisões e seja um contribuidor independente. O mantra é "Não me traga problemas, mas soluções". O número impressionante de livros sobre gerenciamento sugere que, enquanto grandes líderes talvez sejam natos, pode-se construir um bom gerente.

Os gestores são avaliados com base no desenvolvimento de outras pessoas, bem como em seu próprio desempenho. A avaliação anual é um processo inclusivo, em que os funcionários são avaliados segundo metas ou objetivos mutuamente acordados, buscando-se com isso um feedback confidencial de pares e subordinados.

FATORES DE SUCESSO NOS NEGÓCIOS NOS EUA

- Mostre energia e entusiasmo.
- Comunique seus pontos fortes e suas conquistas.
- Tome iniciativa e assuma responsabilidades.
- Seja honesto e tenha consideração pelos outros.
- Seja positivo, otimista e assertivo.
- Faça um trabalho de qualidade dentro do prazo estabelecido.
- Comunique seus pontos fortes e suas conquistas. (Vale a pena repetir.)
- Fique visível. Faça contatos! Crie vínculos!

SE VOCÊ ESTÁ PARADO, ESTÁ REGREDINDO

Enquanto sociedades mais antigas podem se basear nas tradições para fins de orientação e sabedoria, os americanos visualizam o futuro para servir de inspiração. Eles são mestres da reinvenção, de gerar e controlar mudanças. Aos olhos das pessoas de fora, os americanos podem parecer impetuosos. De acordo com o estudioso de culturas suíço Thomas Zweifel (*Managing Global Teams*), a abordagem americana aos negócios é do tipo *just do it* — apenas faça. Eles preferem "aprender fazendo" a adotar um planejamento cauteloso. O negócio é um alvo mutante, de modo que a tomada de decisões e a resolução de problemas devem prover soluções de curto prazo, e não ser gravadas na pedra.

TRABALHANDO COMO UMA UNIDADE

As empresas americanas adotam cada vez mais um ambiente orientado a equipes. A definição de "equipe" nesse contexto é um grupo de indivíduos que trabalham juntos para atingir um objetivo comum. Como observamos quando consideramos o individualismo, esse não é o modelo harmonioso impelido pelo consenso praticado na Ásia. Os integrantes são selecionados com base em suas diferentes áreas de conhecimento e podem receber treinamento objetivando a "consolidação de habilidades de equipe", a fim de que ela se torne uma unidade coesa e efetiva.

Infelizmente, muitas empresas enviam mensagens confusas. Como vimos, as corporações são meritocracias e, à medida que seus trabalhadores ascendem na pirâmide do poder, a concorrência para a próxima promoção fica cada vez mais acirrada. Quando os funcionários se tornam pessoalmente responsáveis pela própria carreira — um grau de devoção para com a organização que é positivamente estimulado —, há um limite para a quantidade de trabalho em equipe que eles oferecem a seus parceiros, que também são rivais na próxima promoção, ou cujo sucesso no projeto do time pode interferir na fatia do bônus dos colegas.

A equipe
Os defensores do trabalho em equipe declaram que não existe *I* ("eu") na palavra *team* ("equipe"). Os individualistas apontam ironicamente que a palavra contém as letras "M" e "E", formando *me* ("eu", "para mim").

REUNIÕES

As reuniões podem servir a uma variedade de propósitos, de uma reunião improvisada de dez minutos para acompanhamento com a equipe a outras de maior duração, planejadas com antecedência, com agenda detalhada e duração registrada. No encerramento, os papéis e as tarefas são atribuídos, e é montado um plano de ação com prazos determinados.

A exemplo de muitos aspectos da vida americana, a reunião de negócios é um processo democrático. As pessoas se acomodam de modo informal na sala, e é designado um facilitador para liderar a sessão, não necessariamente a pessoa de mais alta hierarquia, embora ainda não seja uma boa ideia interromper o chefe, independentemente do tempo que ele gasta para defender uma posição. Indivíduos de todos os níveis hierárquicos são estimulados a contribuir, e as decisões são tomadas pela regra da maioria. Pontos de vista competitivos são abertamente expressos, adicionando "tensão criativa" ao processo. Na maior parte do tempo, os indivíduos reconhecem diplomaticamente os pontos de vista de cada um e aproveitam as ideias dos participantes.

Os recém-chegados geralmente ficam chocados ao notar como cada pessoa compete para estar com a palavra, às vezes com declarações redundantes. A exemplo do sistema educacional, os indivíduos são avaliados pelo nível de participação e pela qualidade de suas contribuições. Prevalece o darwinismo social mesmo nas reuniões, e você precisa aproveitar cada oportunidade para deixar sua marca. Procure, portanto, se expressar com clareza e em voz alta. Embora as reuniões onde se discutem ideias (*brainstormings*) possam ser um pouco desestruturadas ou excêntricas demais para algumas pessoas, os americanos acham que elas são um meio efetivo de gerar novas ideias ou soluções criativas.

Para realizar uma reunião de sucesso, seja pontual (se estiver atrasado, telefone para avisar), esteja bem-apresentado e meticulosamente preparado.

APRESENTAÇÕES

Estilo ou substância? Quando fizer uma apresentação, os americanos vão esperar que você tenha essas duas qualidades. Algumas culturas têm uma abordagem mais literal, outras preferem discussões prolongadas para criar confiança. Por outro lado, os americanos são visualmente orientados e preferem que as apresentações tenham aspectos de entretenimento e sejam de alta tecnologia. Ritmo enérgico, tom persuasivo e informações baseadas em casos ocorridos são utilizados para delinear os méritos de uma proposta. Quando a geração MTV entrou no mundo corporativo, os intervalos de atenção se reduziram. As sessões típicas são breves (de trinta a quarenta minutos) e bem estruturadas. Normalmente são distribuídos folhetos explicativos, incluindo dados concretos e *decks* (cópias da apresentação no PowerPoint). É alocado também tempo para feedback ou para uma sessão de perguntas e respostas.

NEGOCIAÇÕES

O estilo de negociação dos americanos tende a ser um tanto agressivo — caracterizado, às vezes, pela sutileza de uma marreta combinada com zelo missionário! Uma argumentação incisiva sobre os pontos fortes de uma pessoa ou de um produto pode soar arrogante para você, mas essa tática pretende inspirar segurança e confiança. E ainda é consistente com a inclinação ao raciocínio lógico, à objetividade e à autopromoção.

Os negociadores americanos podem ter pouca familiaridade com — ou paciência para — o protocolo formal dos negócios, com o estilo de comunicação indireta ou com as práticas de tomadas de decisões consensuais de outros países. Seu foco está no curto prazo e no "grande cenário", assegurando o melhor acordo no tempo apropriado. A abordagem é informal, cordial e direta. A equipe norte-americana vai revelar sua posição, esperando que a outra parte se engaje num processo de barganhas competitivas. Se se chegar a um impasse, a tenacidade, a criatividade e a persuasão americanas vão se destacar. Apesar dessa técnica "agressiva", os parceiros na negociação não devem se sentir pressionados a tomar uma decisão. Os americanos esperam que os pares com quem estão negociando sejam igualmente práticos e decididos a garantir um acordo favorável. A grande fonte de frustração dos negociadores americanos é sentir que estão sendo "enrolados" ou que seus parceiros de negociação não têm a autoridade necessária para a tomada de decisões.

Nota: os americanos gostam de sair de uma reunião com a certeza de ter garantido um acordo verbal — os detalhes serão discutidos posteriormente. Assim, um aperto de mãos pode selar o acordo, mas ele somente é efetivado após a assinatura dos contratos. Porém geralmente eles pressupõem que o "sim" significa "eu concordo". Se você vem de uma cultura em que dizer "sim" é um meio educado de expressar entendimento, mas não um acordo final, talvez esbarre em alguns problemas.

> **O silêncio nem sempre é de ouro**
> As negociações sediadas em Tóquio entre uma empresa americana e um fornecedor japonês, tendo começado bem, se embaraçaram no último dia. Os americanos estavam focados nos detalhes "cruciais": preço e datas de entrega. Os japoneses se preocupavam mais com o processo e com a confiança. Sempre que os japoneses faziam uma pausa para refletir cuidadosamente sobre a posição dos americanos, estes se adiantavam para preencher a pausa. Os americanos interpretavam o silêncio japonês em torno da mesa como uma intransigência; os japoneses traduziam o desconforto americano com o silêncio como falta de disposição para ouvir. Claramente, cada parte tinha ido à reunião equipada com sua estratégia de negociação, mas com pouco entendimento sobre o estilo cultural da outra parte.

MULHERES NOS NEGÓCIOS

As mulheres representam praticamente metade da força de trabalho. Elas são bem representadas no nível gerencial e estão, cada vez mais, deixando sua marca em campos não tradicionais. No entanto, muitos afirmam que ainda existe uma sutil discriminação, que impede as mulheres de romper o "teto de vidro" e penetrar nos escalões mais altos das organizações. Em termos de oportunidades de progresso, muitas mães trabalhadoras percebem que estão se desviando do caminho mais rápido por estarem no "caminho maternal". Os horários flexíveis, os cuidados com os filhos pequenos e a paridade de salários ainda são obstáculos.

As mulheres esperam ser tratadas da mesma forma que os homens, embora ainda apreciem exibições de cavalheirismo. Para os homens, isso indica que suas colegas podem pagar a conta de um almoço, mas talvez esperem que seja *você* quem sirva o café.

DIVERSÃO NOS NEGÓCIOS

Executivos estrangeiros em viagens de negócios não devem esperar tratamento especial por parte dos americanos. Nem mesmo executivos seniores são apanhados no aeroporto ou no hotel. Eles podem ter alguma forma de diversão em poucas situações: quando os americanos querem impressionar um possível cliente ou sair para jantar a fim de fechar um negócio. Não deixe que as roupas informais e a tagarelice social o enganem. Os americanos tratam os negócios com seriedade. O comportamento é descontraído, mas relativamente contido. O almoço com dois drinques se transformou no almoço com duas Perriers. Se ficar em dúvida sobre pedir alguma bebida alcoólica, mesmo num jantar, imite seu anfitrião. A refeição começará com uma conversa sobre futilidades, mas logo se encaminhará para os negócios. Os coquetéis empresariais são atos de malabarismo — procure sempre ter uma mão livre, sem comida ou bebida, para cumprimentar as pessoas.

Os americanos não são acostumados a receber ou dar presentes em ambientes de negócios, e não espere que isso ocorra.

Capítulo **Nove**

COMUNICAÇÃO

TRADIÇÕES LINGUÍSTICAS

Da gíria das ruas à fala ininteligível da psicanálise, do jargão de negócios às frases de propagandas (*slogans*), a linguagem americana abre uma porta para uma cultura

em permanente mutação. Os americanos sempre adoraram compartilhar seus pensamentos e sentimentos. Os provérbios simples de Benjamin Franklin e os ditos espirituosos de Mark Twain têm sido passados de geração em geração desde a época da cadeira de balanço. No novo milênio, a filosofia está adornada de humor e muito provavelmente poderá ser encontrada num ímã de geladeira, num adesivo de carro ou em qualquer livro que contenha "zen" no título. O

Twitter reduziu muitos ditos a 140 caracteres ou menos. Se uma pessoa não entende a piada, diz-se que ela não é "a faca mais afiada da gaveta" (*not the sharpest knife in the drawer*).

Historicamente, a língua tem estado à frente na definição de uma identidade cultural distinta para a América. Noah Webster, de Connecticut, publicou o primeiro dicionário de inglês americano em 1806, acreditando que o desenvolvimento de uma língua americana peculiar fosse uma marca posterior de Independência em relação à

Grã-Bretanha. O dicionário *Webster* incluiu um novo vocabulário norte-americano, com palavras como *skunk* (gambá, mas também pessoa desprezível) ou *chowder* (sopa grossa de mariscos e legumes, típica dos EUA). E também modificou grafias desnecessariamente complicadas, alterando *centre* para *center* (centro), *plough* para *plow* (arado) e *colour* para *color* (cor).

Mais recentemente, houve um debate nos EUA para determinar se os filhos de imigrantes deveriam receber educação bilíngue. Enquanto os órgãos governamentais se mostram bastante lentos sobre essas questões, a América corporativa age. Cresce o número de estações de rádio e TV que miram diferentes grupos linguísticos. A linguagem das placas de rua reflete as características demográficas do bairro. As empresas telefônicas oferecem atendimento em espanhol; os caixas automáticos adicionaram o chinês como opção.

Atualmente, estima-se que um em cada cinco indivíduos nos EUA fale uma língua materna diferente do inglês em casa. O espanhol é a segunda língua mais falada no país, com 35 milhões de pessoas a utilizando como primeira língua. No entanto, ainda há regiões que operam exclusivamente com base na língua do *old country* — o iídiche é comum em certos lugares do Brooklyn, e as comunidades amish da Pensilvânia e de Ohio se comunicam num dialeto alemão.

Em seu *USA Phrasebook*, Colleen Foster lista algumas das palavras emprestadas de outras línguas que foram incorporadas ao léxico americano. Elas incluem, por exemplo, *nitty-gritty* (detalhes importantes; africana), *moose* (alce; indo-americana), *chocolate* (chocolate; asteca), *tycoon* (magnata; chinesa), *saloon* (tipo de bar; francesa), *chutzpah* (audácia; iídiche) e *glitch* (falha; alemã). *Hamburger* (hambúrguer) é uma palavra tipicamente americana? Não, ela também veio do alemão.

Divididos por uma língua comum

Reputa-se a George Bernard Shaw a afirmação de que os Estados Unidos e a Inglaterra são "dois países divididos por uma língua comum". Há diferenças na ortografia, no vocabulário e nas expressões idiomáticas. A expressão *to table a motion* significa "colocar algo na agenda" no Reino Unido; nos Estados Unidos, significa "remover algo". Quando estão concorrendo a um cargo em uma eleição, os britânicos *stand for election*, enquanto os dinâmicos americanos *run for office*. Para quebrar o gelo, os americanos *break the ice*; os britânicos, de modos mais suaves, *melt it*. Os britânicos *take a decision* (tomam uma decisão), enquanto os americanos *make a decision*.

ESTILO DE COMUNICAÇÃO

Have a great day! ("Tenha um ótimo dia!"), *Terrific suit!* ("Que paletó fantástico!") e *Nice job!* ("Bom trabalho!"): as intervenções americanas tendem a ser informais, cheias de superlativos e com um ponto de exclamação no final. Para tudo se dá uma óptica positiva; um "problema" é transformado eufemisticamente em uma "oportunidade".

Na maioria das situações, os americanos se orgulham de tratar todas as pessoas da mesma maneira amigável e otimista. Eles esperam que todos se tratem pelo primeiro nome, independentemente da idade ou da profissão. Os títulos que denotam ocupação, como "doutor", "oficial" ou "professor", podem ser utilizados somente no trabalho. A forma "Ms." ("sra.") serve tanto para as mulheres casadas como para as solteiras, mas é essencialmente utilizada na comunicação escrita. Os nomes geralmente são abreviados, e os apelidos são bastante comuns.

Os americanos se superam em lembrar o primeiro nome das pessoas que conhecem e costumam chamá-las assim com frequência.

Com os americanos, geralmente o que você vê (ou ouve) é o que você tem, particularmente nos negócios. Não se fazem rodeios. "A sinceridade é o melhor caminho", portanto é preferível ser direto a ser educado ou diplomático. Isso pode soar grosseiro para um europeu, acostumado a discursos eloquentes ou a debates intelectuais. Os americanos, no entanto, preferem que essa troca de ideias seja breve, clara e precisa — preferivelmente realizada num arranjo de frases feitas. Eles expressam suas ideias e emoções mais livremente do que, por exemplo, os europeus do Norte, embora palavrões não sejam bem aceitos em público. Tamborilar com os dedos na mesa e aumentar a voz pode indicar um fraco autocontrole, mas são tolerados. As disputas pessoais são consideradas socialmente perturbadoras e tratadas com o costumeiro pragmatismo americano. (Até o momento em que envolvam advogados, quando é comum dizer: "Nos vemos no tribunal".)

Reação rápida

Imagine a situação: um alemão conclui uma apresentação de negócio a três clientes. O japonês relaxa na cadeira e considera respeitosamente o que acabou de ouvir. O inglês formula mentalmente uma resposta articulada, cuidadosamente construída. O americano? Intromete-se diretamente na questão. Espontaneidade e *timing* estão em sua essência. É importante para eles mostrar que podem pensar por si próprios, "dar nome aos bois" e agir rapidamente. Tudo se resume a desempenho e resultados.

O estilo de pensamento é uma progressão linear através de uma sequência de fatos até chegar a uma conclusão clara — causa e efeito, conecte os pontos. Os americanos confiam em objetivos, fatos e dados concretos. A informação é transmitida numa mensagem verbal explícita. Não há nenhuma necessidade de gesticulações, sutilezas, significados ocultos ou informações irrelevantes. Apenas os fatos são suficientes. Relatórios escritos são encabeçados por um breve "sumário executivo" — provavelmente redigido em formato de itens.

Conversas sobre esportes

O mundo competitivo dos esportes propicia analogias perfeitas para a fala americana dos negócios. Os gestores americanos aderem com fervor às palavras da moda, mas ficam mais confortáveis quando usam expressões que fazem analogias com os esportes, como *step up to the plate* (se posicionar para executar uma tarefa, se responsabilizar), *touch all the bases* (lidar com todos os aspectos de uma atividade) ou *hit a home run* (ter sucesso em algo). Números aproximados são descritos como *in the ballpark* (*ballpark* = estádio de beisebol).

Conversas casuais

"Então, e os Mets?" "Tá bom para você?" Uma conversa casual geralmente começa com uma pergunta retórica. Esse tipo de conversa é restrito a tópicos seguros — programas de TV, esportes, clima. Os temas geralmente complicados (sexo, religião e política) são tabus — veja as informações no capítulo 4. Esses diálogos podem terminar abruptamente quando for a hora de tratar de negócios.

Intervir nas lacunas

O que faz um americano se sentir desconfortável? Como vimos, o silêncio! Se há uma calmaria na discussão, eles se sentem compelidos a intervir e preencher essas lacunas. Uma pessoa continua do ponto em que a outra parou — interromper ou falar ao mesmo tempo que alguém é considerado rude. No outro extremo, ser muito loquaz também não é apreciado. Porta-vozes de deputados no Congresso, ganhadores do Oscar e participantes de reuniões geralmente têm apenas trinta segundos para defender seus pontos de vista antes de serem cortados, sem nenhuma cerimônia.

Boas maneiras

As maneiras são relaxadas e informais, mas colocadas muito em evidência. *Please* ("por favor") é comumente usado. *Yes, please* ("sim, por favor"), em resposta ao oferecimento de algo, pode ser substituído por *sure* ("certamente") ou *okay* ("tudo bem"), que pode soar um pouco brusco para algumas pessoas. *Thank you* ou *thanks* ("obrigado") podem ser respostas a uma fala curta do tipo *sure* ("certamente"), *no problem* ("sem problema") ou o ligeiramente mais formal *you're welcome* ("não há de quê").

Excuse me? ("Desculpe-me?") é o equivalente dos britânicos *What did you say?*, *Pardon?* ou *Sorry?*. *What?* ("O quê?") ainda é rude, mas não tanto como seria na Inglaterra. E todos os estranhos que estiverem perto de você vão dizer *Bless you* ("Saúde") se você espirrar (ou então *Gesundheit*). Quando os americanos respondem a uma escolha dizendo *I don't care* ("Não me importa"), isso pode soar indiferente, mas eles geralmente querem dizer *I don't mind* ("Tanto faz").

Como não há porta na qual bater nas baias dos escritórios de hoje, ainda não se chegou a uma conclusão sobre a melhor forma de abordar um colega nessa situação.

Politicamente correto

Essa é uma área em que os americanos não se sentem tão tranquilos. A sociedade e o local de trabalho têm sido, até certo ponto, "higienizados" para garantir que nenhuma pessoa se sinta ofendida e todos sejam incluídos. Termos com gênero neutro, como *chairperson* (presidente), *firefighter* (bombeiro/bombeira) e *mail carrier* (entregador/entregadora) são triviais. Os afro-americanos, os índios, os gays e as lésbicas finalmente estão sendo abordados em seus próprios termos. O resultado é uma cultura de comunicações no trabalho relativamente vigiada. Os visitantes com frequência notam que os americanos aparentemente não relaxam nem mesmo em festas de trabalho. Lembre-se de que, no local de trabalho, devem ser evitados comentários pessoais (e até elogios) dirigidos a um membro do sexo oposto, pois eles podem ser interpretados erroneamente como inapropriados ou inconvenientes — bases para uma acusação de assédio sexual. A época mais sentimental dos anos 1960 e 1970 — o tapinha de congratulação nas costas, o braço reconfortante em torno do ombro — já se foi há tempos, e George W. Bush deveria saber disso quando tentou dar uma leve esfregada nas costas de Angela Merkel.

Pilhas de papel

Desde a elaboração da Constituição até o ambiente de negócios litigioso da atualidade, os americanos confiam somente no que está escrito. Num país tão grande e diverso como esse, não se pode assumir que todos estão "de acordo", e as pessoas devem "se garantir" (documentar tudo). Portanto, coloque por escrito!

LINGUAGEM CORPORAL

Os apertos de mão são firmes, acompanhados de um sorriso e contato visual direto. Isso dá credibilidade e transmite confiança e sinceridade. Em termos de "zona de conforto" nas conversas, os americanos preferem se manter a uma distância apropriada de seus interlocutores, embora possam tocar brevemente o braço da outra pessoa como um gesto de afeição ou para enfatizar uma questão.

Em algumas culturas, o grau de formalidade aumenta à medida que se sobe na hierarquia, mas isso não acontece tanto nos EUA, onde há uma "distância de poder" menor entre as posições.

Como você sabe quem é o "chefe" numa reunião? Não pela disposição na hora de se sentar ou pelas exibições de deferências, mas pelo estilo relaxado, ainda que autoritário.

Em termos de gestos, é difícil generalizar entre as regiões sem cair em estereótipos, mas vamos lá: os texanos são renomados pela cordialidade afetuosa; os moradores do Meio-Oeste são mais reservados; os americanos descendentes de italianos gesticulam com os braços mais que os descendentes de alemães. O cumprimento com a batida de mãos espalmadas (*high five*) é comum entre amigos íntimos, embora considerado um pouco mal-educado entre os mais velhos. O *fist bump* (batida com os punhos fechados) está ganhando terreno, e a cultura afro-americana produziu o aperto de mãos em três fases — que não deve ser tentado a menos que você saiba o que está fazendo.

Os gestos são sempre um campo minado entre as culturas. Por exemplo, para indicar "bom", um americano pode fazer com o polegar e o indicador o formato de um "o", gesto considerado ofensivo na maioria dos outros países. Melhor aderir ao levantamento universal do polegar para expressar aprovação.

HUMOR

O jornalista do *Asian Times* conhecido por Spengler observou que quase não há piadas essencialmente americanas, pois não existem características que sejam somente dos americanos. Verdade ou não, os americanos prontamente admitem que reservam seus comentários mais mordazes ao estado vizinho!

À exceção do obrigatório quebra-gelo no início de uma apresentação, pode parecer que os americanos se levam muito mais a sério que os exuberantes brasileiros ou os irreverentes australianos.

Isso pode se dar porque o senso de humor deles é diferente, e utilizado de forma mais prudente e reservada. Mais uma vez, o estilo de humor varia de acordo com as preferências regionais e as influências étnicas importadas. O humor americano pode variar desde a perspicácia indiferente, amarga e cosmopolita, até a narrativa de casos gentil, irônica e repleta de nuances do interior do país. A exemplo do que acontece com tantos aspectos da vida norte-americana, os judeus deram grande contribuição ao mundo da comédia e do entretenimento, desde os irmãos Marx até Woody Allen e Jerry Seinfeld.

O estilo preferido pode variar, mas os americanos gostam de se cercar de humor. É considerado um verdadeiro patrimônio americano que as pessoas se divirtam. Os americanos obtêm suas doses de diversão nas séries de TV e nos clubes de comédia, nos livros mais vendidos, nas piadas repassadas por e-mails e em sites como o YouTube e o The Onion.

As casas e os escritórios americanos são repletos de desenhos nos quadros de aviso, e muitos possuem calendários que exibem uma piada por dia. Mas não se esqueça: você está na terra do politicamente correto, portanto evite contar piadas impróprias.

A MÍDIA

Em 1968, Andy Warhol disse que, no futuro, todas as pessoas seriam famosas por quinze minutos. Com um olhar na ascensão das redes sociais, o artista escocês Momus recentemente adaptou essa previsão para "todas as pessoas serão famosas para quinze pessoas".

Talvez o aspecto mais extraordinário da internet seja que ela é verdadeiramente uma rede *mundial*, lançando todos os usuários da web, da blogosfera, do Facebook, do Twitter etc. em um vasto reservatório global de palavras e imagens, sem limites geográficos ou fronteiras nacionais. Nada é local. E, portanto, numa tentativa de encontrar relevância, quem está navegando modela suas próprias fronteiras pessoais, definições e buscas, atingindo partes remotas do globo para encontrar mentalidades parecidas e calar vozes ou opiniões dissidentes. Essa fonte de informações e comentários especializados é tão personalizada quanto possível em relação aos interesses e opiniões do usuário e, para a maioria dos americanos, rivaliza com a televisão como fonte principal de notícias. Em 2012, 27% dos americanos disseram que sua fonte de notícias era um dispositivo móvel conectado à internet, tal como um smartphone ou um aplicativo para tablet, e esse número continua crescendo. Contudo, aproximadamente dois terços dos americanos acreditam que as notícias que recebem são frequentemente imprecisas, um aumento considerável desde os primeiros anos.

Não censurados e irrestritos, graças à primeira emenda constitucional, que garantiu liberdade de expressão *e* de imprensa, os jornais e revistas americanos continuam fazendo um trabalho admirável. Mas esses jornalistas, em sua maioria, estão agora fornecendo conteúdo baseado na web, e muitas publicações renomadas já questionam a economia de continuar produzindo uma edição impressa para um número de leitores cada vez mais reduzido. (Embora a circulação dessas publicações tenha declinado desde a década de 1970.)

Enquanto isso, o usuário da internet pesquisa notícias em nichos online que são muito mais rápidos que o noticiário noturno ou o jornal matutino, mas que talvez não sigam os melhores padrões do jornalismo, incluindo a imparcialidade e a separação entre fato e especulação. A publicação online dá a todos uma voz. E uma potencial audiência.

Noticiários

Com um total de 14.728 estações de rádio AM e FM, 1.774 estações de TV e 1.480 jornais diários, os EUA são sintonizados, ligados e prontos para acelerar. (Veja a página 116 para uma discussão sobre o rádio e a televisão como fontes de entretenimento.)

Embora o *USA Today* seja um jornal nacional, a maioria dos jornais americanos fornece conteúdo e notícias para uma cidade ou um vilarejo específicos. Os jornais de primeiríssima qualidade são o *New York Times*, o *Washington Post*, o *Boston Globe* e o *Los Angeles Times*. Adicionalmente, há revistas noticiosas semanais, como a *Time* ou a *Newsweek,* destinadas ao noticiário geral mais popular. Mas, como vimos, a popularidade dos jornais como fonte primária de notícias está em declínio acentuado, e até os programas noticiosos de TV — a primeira opção para a maior parte dos americanos — estão apenas mantendo seus índices de audiência contra a onipresente internet.

MANTENDO CONTATO

Todo mundo online

A internet não necessita de nenhuma apresentação. Em termos de utilização desse veículo, a América está entre os líderes, com cerca de 80% da população dispondo de acesso à internet. Os locais em que é possível ter acesso à tecnologia wi-fi estão por toda parte — não apenas em bibliotecas, aeroportos, centros de negócios em hotéis e cafés, mas também em espaços públicos abertos, muitos dos quais disponíveis de forma gratuita. Muitas residências já têm suas próprias redes wi-fi.

As redes 4G, que oferecem acesso a banda larga para usuários de smartphones, continuam se disseminando pelos EUA. Atualmente, a Verizon e a T-Mobile têm as redes mais extensivas, mas outras operadoras estão alcançando essas melhorias. No entanto, os serviços de internet via cabeamento telefônico são disponibilizados mediante uma taxa, e esses minutos online podem acrescer na conta final.

Telefones

Com a expansão dos celulares, está cada vez mais difícil encontrar telefones públicos, que estão sendo crescentemente convertidos para uso somente com cartões de crédito ou cartões telefônicos. Nas residências, muitos americanos estão se livrando completamente das linhas convencionais, ou obtendo um serviço telefônico doméstico da companhia de cabo local, num pacote que engloba acesso à internet via banda larga, além de uma centena ou mais de canais de televisão.

A maioria das pessoas tem um aparelho telefônico com secretária eletrônica ou um serviço de correio de voz (*voicemail*), de modo que as ligações não são perdidas e podem ser respondidas quando for conveniente. Mas as mensagens de texto (ou e-mail) nos celulares têm se tornado a principal fonte de comunicação para conexões sociais, bem como para os negócios. Essa ferramenta acopla a urgência de uma ligação telefônica, sem todo o consumo de tempo que se tem indo de lá para cá quando se vai travar uma conversação pessoal. Ela é particularmente popular entre os adolescentes, mas eles não são os únicos motoristas que precisam ser lembrados de que digitar textos ao volante é tremendamente perigoso.

Embora as taxas telefônicas nos EUA sejam comparativamente mais baratas, as ligações feitas em hotéis têm preços exorbitantes. As ligações, nesse caso, podem ser feitas nas modalidades de chamada a cobrar, pelo cartão de crédito ou via cartão telefônico pré-pago.

Se seu celular opera nas bandas de frequência GSM — especialmente a tribanda e a quadribanda —, então ele poderá funcionar nos Estados Unidos. No entanto, é melhor conferir com sua operadora qual o custo de uma ligação telefônica por minuto.

Outras opções mais baratas são alugar uma linha telefônica durante sua estadia ou comprar um pacote telefônico pré-pago. Se você escolher esse último, é melhor ter seu telefone ativado numa loja especializada, onde você poderá carregar e ativar o cartão SIM local.

Se você estiver ligando do exterior para os EUA, digite o código de acesso internacional de seu país (por exemplo, 00 para o Brasil), o código dos EUA (1), o código de área com três dígitos (por exemplo, 212 para Nova York) e, depois, o número telefônico com sete dígitos. Assim, para o número 123-4567 de Nova York, você discaria 00-1-212-123-4567.

NÚMEROS ÚTEIS

Informações (auxílio à lista): 411

Emergências: 911

Operadora: 0

Operadora internacional: 00

Fax

Embora o advento da internet esteja gradualmente fazendo com que a utilização do fax se torne obsoleta, esse serviço ainda é oferecido na maioria dos hotéis e centrais de cópias.

Correios

O serviço postal é razoavelmente confiável e barato. As agências dos Correios geralmente funcionam das 9 às 17 horas. Para evitar filas longas, procure ir nos horários fora de pico. Os selos podem ser comprados em alguns supermercados e até via internet. As unidades postais não oferecem a mesma faixa ampla de produtos (como artigos de papelaria) ou serviços (como pagamentos de contas) oferecidos em muitos outros países, embora possam estar disponíveis materiais para fazer embalagens ou pacotes.

Correspondências para os viajantes podem ser enviadas a qualquer unidade postal dos EUA. Elas devem estar marcadas como *general delivery* ("envio geral") e incluir o código postal (*zip code*) do correio. Para receber uma encomenda, você vai precisar mostrar uma carteira de identidade com foto. Acesse o site www.usps.com para obter informações sobre taxas, códigos postais etc.

Transportadoras particulares, como FedEx e UPS, são caras, mas seus serviços de coleta nas residências fazem delas uma opção rápida e conveniente.

CONCLUSÃO

O veterano comentarista de política Jeff Greenfield indicou os erros estratégicos de campanha que resultaram na derrota do republicano Mitt Romney na eleição presidencial de 2012, dizendo: "Se você não entende este admirável mundo novo, não entende de política".

O "admirável mundo novo" não era uma América atemporal, estática, que os republicanos conservadores imaginavam que pudessem conservar. Era um país em evolução, moderno, uma terra de imigração permanente, de crescimento das minorias étnicas e de novos grupos com autonomia e poder clamando por mudanças de atitude, apresentando desafios aos métodos ultrapassados de fazer as coisas. Um eleitorado mais jovem e com uma maioria mais diversificada deu o segundo mandato ao primeiro presidente afro-americano da nação.

Está ficando mais difícil do que nunca identificar o americano "típico". Talvez essa definição já fosse algo em constante mutação antes que a tinta da Declaração da Independência secasse. E, no entanto, ainda há certos valores abrangentes, essenciais, que infundem o espírito de cada cidadão — ou aspirante a cidadão —, seja ele um imigrante recém-chegado ou descendente de um viajante do *Mayflower*.*

Esperamos que este livro tenha capturado esta natureza nacional distintiva e inesquecível: o impulso para o progresso pessoal em uma terra que reverencia o sucesso, a expectativa de que qualquer opinião pode ser expressa livremente, que qualquer obstáculo pode ser superado, e um senso maravilhoso de orgulho e patriotismo em uma América que — quer suas falhas sejam ou não reconhecidas — permanece para seus cidadãos como a maior de todas as nações da terra.

CultureSmart! Estados Unidos definiu uma estrutura para permitir que você aprecie esse rico e fascinante país em diferentes níveis. O entendimento das várias culturas que configuram a América, e das atitudes e comportamentos que provavelmente você vai encontrar, vai ajudá-lo nos negócios e no lazer, permitindo-lhe ser um hóspede melhor. Sua visita será a parte mais recompensadora de tudo.

Agora que você já tem uma noção do que o espera, é hora de planejar sua viagem. Por onde começar? Como você pode abraçar um gigante? Muito simples: você não pode. Você aborda um estado, uma cidade, uma rua principal, um encontro ocasional de cada vez. Custe o que custar, visite os marcos mais exuberantes: o Grand Canyon, as cataratas do Niágara, o Empire State Building ou o Álamo. Porém, lembre-se sempre de que as experiências mais inesquecíveis e enriquecedoras são os encontros com as pessoas ao longo dessa jornada.

---

* *Mayflower* foi o navio que, em 1620, transportou os peregrinos ingleses até os Estados Unidos. (N. do T.)

Leitura recomendada

Althen, Gary; Doran, Amanda R. e Szmania, Susan J. *American Ways: A Guide For Foreigners in the United States*. Yarmouth, Maine: Intercultural Press; Londres: Nicholas Brealey Publishing, 1988, 2003.

Bryson, Bill. *Made in America*. Grã-Bretanha: Martin Secker & Warburg Ltd., 1994.

_____. *I'm a Stranger Here Myself: Notes on Returning to America After 20 Years Away*. Nova York: Broadway, 2000.

Carruth, Gorton e Ehrlich, Eugene. *American Quotations*. Nova York: Gramercy Books, 1988.

Chinni, Dante e Gimpel, James. *Our Patchwork Nation: The Surprising Truth about the "Real" America; The 12 Community Types that Make Up Our Nation*. Nova York: Penguin, 2010.

Copeland, Anne P. e Bennett, Georgia. *Understanding American Schools: The Answers to Newcomers' Most Frequently Asked Questions*. Boston: The Interchange Institute, 2001.

Cotter, Colleen (org.). *USA Phrasebook: Understanding Americans and their Culture*. Melbourne, Oakland, Londres, Paris: Lonely Planet Publications, 1995, 2001.

Hall, Edward T. *Beyond Culture*. Nova York: Anchor/Doubleday, 1976.

Kennedy, Caroline. *A Patriot's Handbook*. Nova York: Hyperion, 2003.

Kim, Eun Y. *The Ying and Yang of American Culture: A Paradox*. Yarmouth, Maine: Intercultural Press; Londres: Nicholas Brealey Publishing, 2001.

Lanier, Alison R. *Living in the USA*. Rev. William G. Gay. Yarmouth, Maine: Intercultural Press; Londres: Nicholas Brealey Publishing, 1973; edição mais recente, 1996.

Lipset, Seymour Martin. *American Exceptionalism: A Double-Edged Sword*. Nova York: W. W. Norton & Company, Inc. 1996.

Lyons, James et al. *Lonely Planet USA*. Melbourne, Oakland, Londres, Paris: Lonely Planet Publications, 1999, 2002.

Stewart, Edward C. e Bennett, Milton J. *American Cultural Patterns: A Cross--Cultural Perspective*. Yarmouth, Maine: Intecultural Press; Londres: Nicholas Brealey Publishing, 1972, 1991.

Walmsley, Jane. *Brit-Think Ameri-Think: A Transatlantic Survival Guide*, 1ª ed. Reino Unido: Harrap, 1986. Nova York, Londres, Melbourne, Ontário, Auckland: Penguin Group, 2003.

Zweifel, Thomas D. *Culture Clash: Managing the High-Performance Team*. Nova York: SelectBooks, Inc., 2003.

Índice remissivo

11 de Setembro, ataques, 44, 45, 131

Aborto, 53
Acomodações, 128-29
Alasca, 11, 12, 23
Albuquerque, 21
Álcool, 105-6, 149
Al-Qaeda, 45
Ambiente de trabalho, 136-42
  autopromoção, 141-42
  cartões comerciais, 140
  códigos de vestimenta, 139-40
  estilo de vida 24/7, 138-39
  primeiras impressões, 140
Americanos nativos, 10, 16, 21, 24, 32, 35-36, 52, 72, 155
Amizade, 72-79
  conhecendo você, 74-76
  cumprimentos, 76-77
  estilo americano, 73-74
  pode entrar!, 77-79
  presentes, 79
  vamos almoçar!, 77
Animais selvagens, 17, 132-33
Ano-Novo, 67
Aperto de mãos, 156
Apresentações, 146-47
Área, 10, 12
Armas, posse de, 131-32
Asiáticos, 10, 24, 25
Atlanta, 23, 37
Autossuficiência, 49-50

Bandeira, 12, 58, 59, 67
Banheiro, 129
Bares, 76, 107
Basquetebol, 99-100
Batistas do sul, 11, 61
Bebidas, 105-6
Beisebol, 98-99
Bin Laden, Osama, 45
Bonaparte, Napoleão, 35
Boston, 16
Brancos ou europeus, 10, 24, 25
Budismo, budistas, 11, 62

Bush, George, pai, 44
Bush, George W., 44, 134, 135

Café, 105
  cultura do, 105
Caixas automáticos (ATMs), 97, 130
Campings, 128
Cape Cod, 16
Capitalismo, 16, 134
Carnegie, Andrew, 38
Carros, 40, 122, 130
Carta de Direitos, 27
Cartão de crédito, 96, 97, 129, 130
Carter, Jimmy, 43
Cartões comerciais, 140
Casamentos, 64, 84
Casas, 80-83
Católicos romanos, 11, 62
Cavalo Louco, chefe, 36
Chá, 105
Chá de bebê, 64-65
Chá de panela, 64-65
Charleston, 23
Chicago, 10, 18
Clima, 10, 13-15
Clinton, Bill, 44
Colombo, Cristóvão, 32
Comer fora, 102-8
  álcool, 105-6
  chá, 105
  competições de churrasco, 104
  cultura do café, 105
  etiqueta em jantares, 106-7
  fast-food, 104
  fumo, 107-8
  gorjetas, 108
Comida, 93, 102-3
  fast-food, 104
Competição, 68, 141-42
Composição étnica, 10, 24-26
Compras, 93, 95-97, 121-22
Comunicação, estilo de, 152-56
  boas maneiras, 155
  conversas casuais, 154
  conversas sobre esportes, 154

intervir nas lacunas, 154-55
  pilhas de papel, 156
  politicamente correto, 155-56
Conservadorismo e moralidade, 53-54
Constituição, 17, 26, 27, 34, 47, 58, 131
Consumismo, 95
Contato visual, 156
Contatos (networking), 76, 85, 87, 142, 143, 158
Correios, 162-63
Cotidiano, 92-93
Crianças, criação, 86-88
Crime, 130
Cuba, 39
Cultura, 108-17
  artes visuais, 114-15
  cultura pop, 109
  filmes, 115
  livros, 113-14
  música, 112-13
  musicais, 110-11
  óperas e sinfônicas, 111-12
  rádio, 117
  teatro, 110
  televisão, 116-17
Cumprimentos, 76-77
Custer, general, 35-36

Declaração da Independência, 33, 47, 68, 163
Desemprego, 36, 136
Detroit, 18, 101, 113
Dia da Independência (4 de Julho), 67, 68
Dia das Bruxas (Halloween), 65, 67, 69
Dia de Ação de Graças (Thanksgiving), 66, 67, 69-70
Dia de Colombo, 67
Dia de São Patrício (St. Patrick's Day), 66, 67
Dia do Presidente, 67
Dia do Trabalho, 67
Dia dos Namorados (Valentine's Day), 65, 67, 68

Dia dos Veteranos, 67
Dicionário *Webster*, 150-51
Dirigir
   carteira de motorista, 122
   locação de carros, 122
   necessidades de navegação, 123
   regras básicas nas estradas, 123 .
   tipos de estradas, 124
Diversidade, 57-58
Divórcio, 84
Documentos de viagem, 119-20
Duppa, Darrell, 20-21

Economia, 134-36
E-mails, 138-39
Emergência, telefone de, 131
Ensino, 86-92, 151
   ensino superior, 90-92
   escolas, 86-89
   séries, 88, 89
Episcopais, 11, 61
Equipe, trabalho em, 48, 67, 144-45
Escravidão, 36-37, 38
Esportes, 97-102
Estados, 12, 29, 31
Estátua da Liberdade, 24
Ética do trabalho, 15, 51-52, 90
Etiqueta em jantares, 106-7
Expectativa de vida, 85
Expediente, horário de, 137

Família, 84-85, 86
Fax, 162
Feriados, 66-71
Férias, 95
Filadélfia, 10, 16-17, 34
Filipinas, 39
Ford, Henry, 40
Franklin, Benjamin, 51, 150
Fumo, 107-8
Fusos horários, 11
Futebol, 102
Futebol americano, 100-1

Gerenciamento, estilo de, 142-43
Gestos, 157

Gorjetas, 106, 108
Governo, 11, 26-31
   estados, 29
   executivo, 27-28
   judiciário, 28
   legislativo, 28
   partidos políticos, 29-30
   sistema eleitoral federal, 31
Grandes Lagos, 12
Guam, 10, 12, 39

Halloween, *ver* Dia das Bruxas
Havaí, 11, 12, 39
Hinduísmo, hindus, 11, 62
Hino nacional, 58, 59
Hispânicos ou latinos, 10, 24, 25
História, 32-45
   11 de Setembro e após, 44-45
   década de 1960, 42-43
   destino manifesto, 34-36
   era industrial, 38-39
   Grande Depressão, 40
   Guerra Civil, 36-38
   Guerra Fria, 41-42
   isolacionismo, fim, 39-40
   nascimento de uma nação, 34
   revolução e independência, 33-34
   Segunda Guerra Mundial, 41
   sociedade-modelo, 32-33
   Watergate, 43
   Whitewater, 43, 44
Homossexualidade, 43, 53, 71, 85, 155
Hotéis, 108, 128
Houston, 10
Humor, 157-58

Ideal americano, 46-47
Idosos, 49-50, 85
Igreja e Estado, 60-61
Igualdade de oportunidades, 47-48
Igualdade entre os sexos, 85
Igualitarismo, 50-51
Ilha Ellis, 16, 24

Ilhas Marianas do Norte, 10, 12
Ilhas Virgens Americanas, 10, 12
Ilhéus do Pacífico, 10
Imigração, 16, 24-26
Independência, 22, 50, 73, 76, 84, 86, 87
Individualismo, 48-49, 67, 81, 86, 94, 144, 145
Internet, 158-60
   domínio de, 11
Inuítes do Alasca, 10, 24
Islamismo, 62
Isolacionismo, 39

Jefferson, Thomas, 35
Johnson, Lyndon, 42
Jornais, 11, 159, 160
Judeus, 11, 24, 62, 71, 158

Kennedy, John F., 42, 54, 55
Kennedy, Robert, senador, 43
King, Rodney, 26
King Jr., Martin Luther, 43, 67
Kruschev, Nikita, 42

Lei Seca, 27, 130
Lincoln, Abraham, 37, 38, 50
Língua, 10
   tradições linguísticas, 150-52
Linguagem corporal, 156-57
LinkedIn, 142
Lombardi, Vince, 142
Los Angeles, 10, 20
Luteranos, 11, 61

Mão de obra barata, 136
McCarthy, Joseph, senador, 42
Memorial Day, 67
Metodistas, 11
Mídia, 11, 158-60
Migração doméstica, 81
Missouri-Mississippi, sistema hidrográfico, 12
Monroe, James, 39
Morgan, J. P., 38
Muçulmanos, 11, 62

Mudanças, gestão de, 144
Mulheres nos negócios, 92, 148-49

Nash, Ogden, 23
Natal, 67, 70
Natalidade, índice de, 25, 85
Natureza nacional, 164
Negociações, 146-48
Negócios
diversão nos, 149
fatores de sucesso, 143
Negros ou afro-americanos, 10, 24
Nixon, Richard, 43
Noite de Formatura (*Prom Night*), 65
Nomes, 50, 77, 152
Noticiários, 160
Nova York, cidade, 10, 16, 81-82, 122

Obama, Barack, 31, 44, 45, 135
Obama, Michelle, 104
Ônibus, 127

Padrões climáticos, 132
Palau, 10, 12
Patriotismo, 58-59, 164
Phoenix, 20-21
PIB, 134
Pobreza, 8, 36
Politicamente correto, 155-56
Pontualidade, 79
População, 10, 24-25
Populismo, 50
Porto Rico, 10, 12, 39
"Posso fazer", espírito do, 55-56

Presbiterianos, 11
Presentes, 77, 79, 149
Privacidade, 76, 83-84, 96, 138
Protestantes, 11, 15, 53, 61-62
Puritanos, 32-33, 53

Rádio, 11, 160
Reagan, Ronald, 43, 49, 53
Recessão global, 134-35
Redes sociais, 85, 87
Regiões, 15-23
Alasca e Havaí, 23
Meio-Atlântico, 16-17
Meio-Oeste, 17-19
Nova Inglaterra, 15-16
Oeste, 19-20
Sudoeste, 20-22
Sul, 22-23
Religião, 11
afiliações religiosas, 61-63
novas religiões híbridas, 63-64
ritos de passagem, 65
Restaurantes, 107, 108
Retribuição, gestos de, 54-55
Reuniões, 145-46
Revistas, 159, 160
Rockefeller, John D., 38
Romney, Mitt, 63, 163
Roosevelt, Franklin Delano, 40, 135
Roosevelt, Theodore, 40, 100

Samoa Americana, 10, 12
San Francisco, 20, 71
Saúde, 129-30
Segunda-Feira de Páscoa, 67
Segurança, 130-31

Seguro-viagem, 129, 130
Sexta-Feira Santa, 67
Sherman, general, 37
Sindicatos, 135
Sullivan, Louis, 39

Táxis, 128
Telefone, 11, 57, 87, 93, 133, 138, 139, 160, 161-62
Televisão, 11, 83, 160
Tempo, gestão do, 57
Teologia da prosperidade, 61
Transporte público, 127-28
Travelers' checks, 97
Trens, 126-27
Truman, Harry S., 42
Tucson, 21
Twain, Mark, 13, 150

Urbanização, 81

Vestimenta, códigos de, 79, 109, 139-40
Viagens aéreas, 125-26

Warhol, Andy, 158
Washington, D.C., 10, 11, 12, 17
Washington, George, 34, 50
Wilson, Woodrow, 39
Winthrop, John, 33

Zangwill, Israel, 26